Sabiduría en exilio

El budismo y los tiempos modernos

Lama Jampa Thaye

Sabiduría en exilio

EL BUDISMO Y LOS TIEMPOS MODERNOS

Lama Jampa Thaye

RABSEL
PUBLICATIONS

Otros libros de Lama Jampa Thaye

Lluvia de Claridad, Ediciones Amara, España, 2008

Título original:
Wisdom in Exile.
Buddhism and Modern Times

©Ganesha Press Limited 2017
Ilustraciones de Rana Lister

Traducción al español: Laura Rubio y Sara Barbera con el apoyo editorial de Daniela
Bachi y Paulina Rocha.

© Rabsel Publications, La Remuée, France, 2020
para la edición española
ISBN 978-2-36017-023-4

www.rabsel.com
contact@rabsel.com

Dedicado a mis lamas

Índice

Prólogo
de
Su Santidad Sakya Trichen

His Holiness
Sakya Trizin
HEAD OF THE SAKYAPA ORDER
OF TIBETAN BUDDHISM

Dolma Phodrang
192 Rajpur Road,
P.O. Rajpur 248009
Dehra Dun U.A. INDIA

La publicación de este nuevo libro inspirador de Lama Jampa Thaye me hace sumamente feliz.

Sabiduría en exilio ofrece un acercamiento fresco al budismo y nos permite redescubrir los principios fundamentales de la enseñanza de Buda. La gran popularidad que ha tenido el budismo en Occidente en las últimas décadas hace esencial que éste permanezca fiel a sus orígenes.

En su libro, Lama Jampa Thaye nos sugiere que volvamos a examinar nuestra motivación para seguir el budismo, para asegurarnos de que nuestra meta más profunda sea siempre la de alcanzar la liberación para beneficiar a todos los seres, y para que nuestra práctica se centre en el cultivo de la ética, la sabiduría y la compasión.

Sabiduría en exilio provee de buenos consejos sobre cómo evitar visiones equivocadas del budismo, y cómo construir bases infalibles para nuestra práctica.

Espero que esta obra represente una preciosa guía para todos los estudiantes de Dharma, y rezo para que les ayude a seguir el camino hacia la liberación sin dificultad.

Sakya Trichen
Sakya Dolma Phodrang, Rajpur, India
20 de enero de 2017

Prólogo
de
Su Santidad el 17º Karmapa
Trinley Thaye Dorje

Queridos lectores:

Es un gran placer contribuir con este breve prólogo a la última obra de Lama Jampa Thaye, *Sabiduría en exilio.*

Lama Jampa Thaye es un Maestro de meditación y un erudito de las tradiciones Sakya y Kagyu del budismo tibetano, y como tal, ha sido formado rigurosamente en esas tradiciones por sus maestros tibetanos.

Al mismo tiempo, es un hombre occidental que ha crecido en un ambiente occidental, lo cual le permite comprender la mentalidad y el contexto de los estudiantes occidentales de Buda-dharma.

En las últimas décadas, el budismo (y en particular el budismo tibetano) ha logrado atraer a muchos seguidores en Occidente. Si bien su devoción y dedicación a su recién descubierto camino espiritual son genuinas, para la mayoría de ellos la enseñanza de Buda es relativamente nueva. Esto los podría llevar a pensar equivocadamente, que los principios de sus propias tradiciones culturales y espirituales, y las verdaderas enseñanzas budistas son lo mismo.

Por lo tanto, creo que este libro será de gran ayuda para que los practicantes occidentales puedan evitar los obstáculos producidos por malentendidos culturales y espirituales.

¡Con el deseo de que sea de beneficio para incontables seres!

Con oraciones,

El 17° Karmapa Trinley Thaye Dorje
Nueva Delhi
15 de febrero de 2017

Prólogo
de
Karma Thinley Rinpoche

ༀ། མཁས་དབང་ཉི་མ་རྒྱལ་མ་པ་ མཐའ་ཡས་ཀྱིས་གསར་
རྩོམ་མཛད་པའི་ཡི་གེ་སབྱད་འདི་ཡིས་ཤར་ཕྱུས་ཏུ་འཁོར
པ་ཞིག་ནང་པའི་རྟེན་འཇུག རྣམས་ལ་བླང་དོར་གྱི་ལམ་
སྟོན་ཡོང་རེས་ལག་ས་པས། དེ་བཞིན་དོར་དང་དོར་
མིན་དྲེ་འབྱེད་གཤ་ཆེ་བ་སྲུ། རེས་པ་འང་། ༡སྒྱུའི་
རེས་འཇུག་ག་སྐྱེ་ཕྱིན་ལས་བཞི་པའང་། དབལ་ལྡན་
༡ས་སྐྱུ་པ་ཆེན་པོས་སྐུ་ལ་མེད་དབང་འབྱུ་ནོར་བུའི་
སྙིང་པོ་ཞེས་བགྱི་བས་སྙེས་པ་དགོ།

El erudito Lama Jampa Thaye ha escrito este texto para
que aquellos seguidores de la enseñanza budista recién
establecida en Occidente puedan tener claridad sobre
los caminos a adoptar y los caminos a rechazar. Es extremadamente importante saber distinguir entre lo
auténtico y lo inauténtico, por ello, por favor préstenle
atención.

Escrito por el seguidor de Buda conocido como el 4º Karma
Thinley o, de acuerdo con el gran Sakyapa, Wangdu Norbu
Nyingpo.

Introducción

Vivimos en una época en la que parece que el camino hacia la sabiduría se ha perdido, y que su propia existencia ha sido olvidada. En su lugar, no queda más que un callejón sin salida lleno de ideologías anticuadas. Sin embargo, el camino que Buda expuso hace dos milenios y medio todavía está disponible en estos tiempos modernos, si quisiéramos encontrarlo.

Este libro es básicamente una recopilación de ensayos sobre el encuentro de la enseñanza budista con Occidente. Sin embargo, no es una introducción formal al budismo, ni una exposición sistemática del pensamiento budista; obras semejantes ya existen en abundancia. Tampoco pretende representar la totalidad del budismo. Inevitablemente, estas páginas reflejan mi propio entendimiento sobre el conjunto de prácticas y enseñanzas particulares en las que fui entrenado por mis maestros tibetanos.

El budismo mismo se desarrolló a partir de las enseñanzas que impartió el cálido y amistoso príncipe del sur de Asia conocido por sus seguidores como "El sabio de los Shakya"[1]. En el centro de su enseñanza está la visión de que el sufrimiento surge como consecuencia de las ideas equivocadas que tenemos sobre nosotros mismos y la naturaleza del mundo; errores que generan una confluencia de emociones perturbadoras y sus acciones resultantes. Según Buda, la liberación del sufrimiento siempre es posible, mediante la transformación de nuestros errores en comprensión, lo cual se puede lograr con el entrenamiento en el camino triple de la ética, la meditación y la sabiduría. Por lo tanto, a pesar de sus orígenes antiguos, el budismo es especialmente apropiado para el mundo moderno.

La primera mitad de este libro trata sobre el espacio que el budismo tiene hoy en nuestra cultura; un espacio que se ha abierto gracias al fracaso de nuestros sistemas de pensamiento dominantes, para ofrecer una explicación inteligente sobre lo que significa ser humanos y cómo debemos comportarnos en este mundo.

Aunque este espacio ya existe, si queremos que el budismo lo llene eficazmente, debemos resistir la tentación de asimilarlo a las ideologías contemporáneas; nada sería más dañino para el budismo en el largo plazo. Con esto en mente, los últimos capítulos del libro tratan sobre la mejor forma de entender y poner en práctica la enseñanza de Buda en el presente. Estos temas han sido acogidos con gran entusiasmo, pero es fundamental que aprendamos a distinguir entre las presentaciones auténticas y las falsas. Estas últimas son aquellas que han sido propuestas por autoridades autonombradas, por lo que no tienen ninguna relación con las tradiciones de linajes ininterrumpidos de enseñanza y práctica, y cuyas exposiciones son, además, refutadas por la experiencia directa o el razonamiento.

Muy a menudo, aferrándonos a una mezcla de arrogancia y credulidad, nos contentamos con la opción equivocada. Desafortunadamente, si persistimos en entender el budismo de manera equivocada, perderemos la oportunidad de que forje nuestras vidas, y sólo quedará en la memoria cultural como otra moda pasajera, otra teosofía.

Sabiduría en exilio se basa en las enseñanzas que he recibido durante las últimas cinco décadas por S.S. Sakya Trichen (el 41º Sakya Trizin), Karma Thinley Rinpoche y muchos otros maestros tibetanos; por lo que se hace abundante referencia a las obras de maestros eminentes de la tradición budista. Para que sus nombres se conozcan un poco más, he incluido un listado de estos maestros en las últimas páginas.

Algunas partes de este libro ya han aparecido en las ediciones impresas y en línea de la revista Tricycle, mientras que otras secciones han figurado en enseñanzas que he impartido en Los Ángeles y en el centro budista Dhagpo Kagyu Ling en Francia.

Quiero expresar mi sincero agradecimiento a Peter Popham y Liz Nash por su colaboración en este proyecto y, como siempre, gracias a mi esposa Albena y a mi familia. Gracias también a Ed Curtis, Adrian O'Sullivan y a mi editor Benjamin Lister.

Lama Jampa Thaye
Sakya Changlochen Ling, Francia, 18 de agosto de 2016

Capítulo 1
Encuentros

Es 21 de junio de 1974 y estoy parado en la entrada de la Sociedad Budista de Londres, un gran edificio georgiano cerca de la estación Victoria de esta ciudad. A un lado de mi se encuentra un joven lama tibetano, Chime Rinpoche, y al otro Su Señoría, el juez Christmas Humphreys QC, el presidente de la asociación, y otra imponente figura que parece haber salido del aula del Tribunal Penal Central Old Bailey de Inglaterra. Estamos ahí para recibir a Su Santidad Sakya Trichen, el 41º Sakya Trizin, la cabeza de la tradición Sakya del budismo tibetano, de veintiocho años, en su primera visita a Inglaterra. La Sociedad Budista y el *Tibet Relief Fund* (la fundación británica de apoyo al Tíbet) organizaron una recepción en su honor, y Rinpoche me invitó a unirme a ellos.

Unos minutos más tarde, Su Señoría se acerca a Rinpoche para confirmar el título correcto de la persona a la que está a punto de dar la bienvenida. En el mismo instante, para un coche, y de allí baja Su Santidad con una sonrisa serena; lo acompañan un par de monjes y dos señoras europeas.

Después de habernos arrastrado hasta la sala de recepciones en el primer piso, el Señor Humphreys da un discurso de bienvenida en el que enfatiza detalladamente su papel en la creación de la Sociedad Budista en 1924 y su función especial por ser la primera persona en la historia en discernir los doce principios fundamentales del budismo. También hace una mención discreta a la profunda amistad entre el Presidente y Su Santidad el Dalai Lama, a quien Su Señoría tuvo la oportunidad de ofrecer muchos sabios consejos. Mientras transcurre el discurso, mi mente se distrae con el recuerdo de mi primera visita a la Sociedad Budista, unos tres años atrás.

Un monje inglés, el Venerable Pannavadho, había presidido las celebraciones del cumpleaños de Buda; sin embargo, a pesar de que lo hizo con eminente seriedad, y los miembros de la Sociedad eran claramente sinceros, en el momento no me pareció una verdadera celebración. A mi amigo le estaba explotando la cabeza y tuvimos que salir rápidamente. Ese lugar, todo caoba y aburrimiento, era tan asfixiante que difícilmente podía respirar.

Fue mi profesor de literatura inglesa, el Señor Campbell, quien me llevó por este camino. Era 1966, yo tenía catorce años y era estudiante en una escuela secundaria católica de Manchester, en el norte de Inglaterra: un lugar gris en una época gris. Todavía se sufrían las consecuencias de la Segunda Guerra Mundial. La sociedad británica apenas comenzaba a recuperarse de las dificultades de esos años, pero algo se había reactivado en la cultura que, entre otras cosas, abriría las puertas al budismo. Fue al final de una clase sobre *Julio César* de Shakespeare cuando este coloso poderoso me dijo que a alguien que admiraba tanto a Bob Dylan como yo, sin duda también le gustaría Jack Kerouac, y así fue. Me adentré en el mundo de los escritores estadounidenses de la Generación Beat, precisamente a través de libros como *En el camino y Los vagabundos del Dharma*, y entendí enseguida que Dylan ya había estado allí. Más importante aún, si bien las obras de Kerouac estaban permeadas de una sensibilidad católica y obrera que me era muy familiar, fue precisamente en ellas que descubrí el budismo. Comprendí al instante que había encontrado mi camino a casa.

A pesar de que de niño era bastante devoto, ya tenía la sensación de que el dios del catolicismo era demasiado pequeño. Cualquier rastro de bendición o poder espiritual que hubiera existido en la Iglesia ya se había evaporado desde hacía tiempo. Aunque de pequeño había vivido en repetidas ocasiones momentos de profunda dicha y luz, nunca había logrado asociarlos con algo que hubiera escuchado en la iglesia o en la escuela. Con el paso del tiempo, empecé a vivir experiencias muy fuertes en las que los nombres, los pensamientos, y hasta el tiempo mismo, parecían totalmente vacíos. Era un mundo –el mundo real– del que uno podría regresar al mundo sombrío de la vida cotidiana como un exiliado, pero cuya presencia siempre estaría ahí. A duras penas lograba hablar de estas experiencias, y cuando lo hice, todo intento de articularlas resultó inútil.

Después de un tiempo, dejé de intentarlo. No esperaba que nadie, ni mi familia, ni mis profesores o el sacerdote, me comprendiera, y nadie lo hizo. Ahora, gracias a las palabras de Kerouac, había escuchado de la vacuidad luminosa que es el corazón de todas las cosas. Por fin pude darle contexto a mis experiencias, y desde ese momento soy budista; sin embargo, pasarían seis años antes de que empezara a practicarlo seriamente.

Llegué justo en la etapa final de la Generación Beat creyendo que encontraría el budismo allí. Pero la corriente ya estaba desapareciendo, incluso en Greenwich Village, donde había surgido, y en San Francisco, los lugares donde todavía se podía escuchar el eco de los escritores Beat. Entonces traté de seguir su pista en los cafés de Manchester. Rondaban por ahí algunos poetas y una persona que se decía que vendía peyote, pero nada más. A finales de 1967 me había aventurado hasta Londres, donde visité el Centro de Arte de Covent Garden y la librería Índica en la calle Southampton, el epicentro de la vida alternativa, donde compré un ejemplar de *El libro tibetano de los muertos*. Justo a la vuelta de la esquina estaba una tienda que vendía incienso japonés. En la trastienda, un tal Sangharakshita estaba ocupado fundando su propia escuela de budismo. Nunca entré allí: karma, supongo.

Aunque dejé la escuela y mi casa un año después, persiguiendo aún las visiones de Kerouac, Ginsberg, Snyder y los otros escritores Beat, nunca encontré realmente lo que imaginaba encontrar. De vez en cuando conocía a gente que buscaba las mismas cosas que yo. Algunos siguen por ahí, pero con el tiempo ese mundo se hizo cada vez más obscuro. Tarde o temprano, todo se convirtió en drogas o política, y después de un rato descubrí que ninguna de las dos cosas me interesaba. Haciendo memoria sobre ese periodo de la "sociedad alternativa", hoy me doy cuenta de que el mismo mensaje que algunos interpretaron como que uno debe "liberarse del ego", otros lo interpretaron como que uno debe "liberarse a uno mismo". Un camino lleva a Buda, el otro a Aleister Crowley o a Mao Zedong. Quizás en esa época era más fácil confundirlos.

Al final tuve que admitir que en esos sitios no había nada verdadero: sólo el hambre voraz de vanidad egocéntrica que hoy retumba en los millones de lugares que componen la sociedad y la cultura contemporáneas. Algunos de nosotros podíamos haber empezado en el lugar adecuado, pero en ese momento nos encontrábamos en una calle ancha que solamente nos llevaría hacia abajo. En cuanto a los escritores Beat, ellos también se habían ido desde hace tiempo. Encontré a Allen Ginsberg muchos años después, cuando él ya era discípulo de Trungpa Rinpoche, uno de los primeros propagadores del budismo tibetano en Estados Unidos.

Fue a finales de 1972 que salí de la jungla y empecé a tomarme en serio el budismo. Al principio seguí la tradición Theravada, donde conocí al sabio y veterano Russell Williams y al académico Lance Cousins. No obstante, en el transcurso de dos años conocí a los dos lamas tibetanos que se convertirían en mis maestros para el resto de mi vida: Su Santidad Sakya Trichen, el 41º Sakya Trizin (1945 -) y Karma Thinley Rinpoche (1931 -). Gracias a ellos, en las décadas siguientes, recibí algunos de los elementos de la formación budista tradicional, principalmente, las enseñanzas contemplativas y filosóficas de las escuelas Sakya y Kagyu.

Mientras tanto, mi vida académica comenzó en 1973, cuando dos meses después de haber encontrado a Karma Thinley Rinpoche emprendí la carrera sobre Estudios Religiosos en la Universidad de Manchester. No lo hubiera imaginado entonces, pero esa aventura se prolongó hasta conseguir la licenciatura, el doctorado y continuó con veinte años de enseñanza en las dos universidades de Manchester. Estudié allí para ser historiador de las religiones con profesores eminentes como Trevor Ling. Sin embargo, tengo que confesar que el trabajo en la academia sólo me servía para apoyar mis estudios, mi práctica y mis retiros budistas. Por cierto, no es que la vida académica no sea digna de respeto, pero simplemente, yo no quería quedarme atrapado en ella, tenía otras cosas que hacer.

Capítulo 2
Espacio para el budismo

El budismo que descubrí a través de los escritores Beat no era del todo nuevo en Occidente. Más bien, había penetrado silenciosamente desde hacía un siglo, ya sea a través de las comunidades de inmigrantes asiáticos, de la academia occidental o de los conversos. Paradójicamente, fue durante los siglos XX y XXI, cuando la cultura y los valores occidentales parecían triunfantes, que el declive espiritual en el centro de esta cultura parece haber creado un hueco para el budismo. La historia de cómo pasó tiene cierta importancia.

Empieza con la pérdida; y nuestra cultura parece sentirse perseguida por ella. Es como si nosotros hombres y mujeres modernos hubiéramos perdido nuestro sentido de pertenencia al mundo, nuestra posición en los mismos ritmos del nacimiento y de la muerte. En estos tiempos en los que la vida de las personas se mide según su popularidad y su fama, a veces parece como si ya no quedara nada de valor. Pasiones fugaces y manías infestan la mente de la gente con imágenes y hechos distorsionados. Es como si estuviéramos viviendo en un valle de huesos secos, donde el único ruido es el crujido de un viejo periódico, con su historia sobre alguna celebridad ya olvidada, y la voz del Gran Hermano (*Big Brother*) saliendo de las pantallas electrónicas. Como resultado, estamos en constante búsqueda de la felicidad, con la esperanza de encontrarla en el escapismo del placer. Asimismo, como no sabemos quiénes somos, intentamos confirmar nuestra identidad en el parloteo de las redes sociales; sin embargo, en ambos casos sólo encontramos frustración e inseguridad.

Por supuesto, como ha señalado Buda, el sufrimiento aflige a todos los seres sintientes y, por eso, está indudablemente presente en todas las culturas. Aun así, nuestra cultura es quizás la única que nos vende insistentemente una promesa de felicidad, que incumple dejando solamente desilusión y confusión.

Para comprender cómo fue que pasó esto, es necesario empezar por el pasado. Es decir, tenemos que preguntarnos, siguiendo la línea del razonamiento budista: "¿Cuáles son las causas y las condiciones que han dado lugar al aparente fenómeno de nuestra cultura desarraigada e insatisfecha?"

Para empezar, podríamos reconocer que el Renacimiento desempeñó, sin duda, un papel central en darle forma a algunas de nuestras sensibilidades contemporáneas. Entre los siglos XIV y XVI, la recuperación de los mejores elementos de la civilización clásica produjo una cultura basada en el hombre como "la medida de todas las cosas," parte del cambio hacia el individualismo moderno. No obstante, sería quizás más apropiado decir que la cultura moderna occidental nació en el siglo XVI con la Reforma. Fue justamente este cataclismo que hizo añicos al mundo de la cristiandad católica medieval de la Europa occidental, una cultura que, a pesar de sus muchos defectos, había alimentado un sentido de unidad entre lo sagrado y lo profano, y así produjo el arraigo seguro de hombres y mujeres en el mundo.

En el corazón de la visión medieval estaba la existencia de un orden cósmico en el que se desenvolvía la humanidad, el cual partía de una jerarquía que incluía al hombre, a los santos, a los ángeles, a Dios, y, por supuesto, a los habitantes del purgatorio y del infierno. Ejemplificando la vastedad de esa visión, la cultura católica de ese tiempo era suficientemente espaciosa para acoger de todo, desde la erudición de las órdenes monásticas, hasta los cultos devocionales de los campesinos, desde la *Divina Comedia* de Dante hasta *Los Cuentos de Canterbury* de Chaucer.

En 1517, el reformador protestante alemán Martín Lutero (1483-1546) –seguido, algunos años más tarde, por Juan Calvino (1509-1564) en Ginebra– hizo añicos el mundo de la cristiandad católica. La nueva teología de Lutero y Calvino eliminaba la devoción a los santos, desechaba la existencia del purgatorio, abolía las órdenes monásticas y rechazaba el papel del clero como intermediario entre el hombre y Dios. Al remover todas estas estructuras que colocaban la vida individual en un contexto espiritual y social más amplio, los dos reformadores rompieron las cadenas que habían conectado lo sagrado con lo temporal. También parece que, al insistir en la absoluta privacidad de la conciencia individual, sola frente a Dios, dieron vida, de manera no intencionada, a una nueva forma de individualismo alienado: desde ese momento, la humanidad ya no tendría acceso a la asistencia mediadora de los sacerdotes y de los santos.[2]

A esta transformación interna de lo que significaba ser religioso, Calvino añadió la santificación del trabajo, mediante la noción de que cada profesión era un llamado divino o "vocación", y eso, acompañado de su idea de la riqueza como muestra del favor divino concedido sólo a los elegidos por Dios, hicieron posible el desarrollo de la economía capitalista. A su debido tiempo, esos cambios culturales y económicos destruirían el orden social medieval, así como sus formas religiosas.[3]

Fue así como se fracturó el viejo mundo espiritual, y que perdimos nuestro sentido de pertenencia a un cosmos ordenado. Desde ese momento, incluso bajo su nueva apariencia –y a pesar de las ambiciones de los reformadores protestantes– la cristiandad ha continuado cediendo espacio y autoridad a otros modelos que ayudan a darle sentido a las cosas y alcanzar la felicidad, especialmente a aquellos que derivaron de los mundos de la política y de la ciencia. Pero curiosamente, como veremos, en estos dos sistemas todavía podemos percibir rastros del cristianismo.

En épocas más recientes, la ideología política ha empezado a gozar de la fe incuestionable previamente reservada sólo a la religión. Las raíces de ese cambio se encuentran precisamente en la Reforma, cuando el ataque de Lutero a la autoridad jerárquica de la cristiandad católica en cuestiones religiosas degeneró en la exigencia de los anabaptistas y otros revolucionarios milenaristas de que la sociedad y la autoridad eliminaran todas las distinciones que los diferenciaban, mediante un reordenamiento asociado al retorno de Cristo y de su reino milenario, sobre el que él gobernaría junto a los justos. Si bien la Guerra de los Campesinos Alemanes de 1525 y las diversas rebeliones europeas de la década siguiente fracasaron, éstas fueron precursoras de lo que ocurriría después.[4]

Pasaron casi tres siglos antes de que un movimiento revolucionario por fin lograra su objetivo de reconstituir totalmente a la sociedad. Esto ocurrió con la toma del poder de los revolucionarios franceses a finales del siglo XVIII. Sin embargo, en ese momento la visión cristiana de la historia, esencialmente apocalíptica, que había dado un impulso a las primeras revoluciones, había quedado opacada. A partir de entonces, la revolución quedó en manos de laicos y anti-religiosos declarados. No obstante, todos los movimientos revolucionaros registrados hasta hoy, en muchos sentidos están en línea con la visión de los cristianos milenaristas. Todos estos movimientos anticipan un apocalipsis que acabará con los malos y al que seguirá la edad de la perfección para el goce de los justos –tal como lo habían imaginado los movimientos post-reformistas.

A pesar de las aspiraciones de sus devotos, que en nuestra cultura siguen siendo muy influyentes, la utopía todavía no ha hecho su aparición. Este fracaso, entonces, tendría que alertarnos sobre la intrínseca e inexorable falla en ese patrón de pensamiento: la externalización de la búsqueda de la perfección. Contrario a lo que aseveran las ideologías políticas, un reordenamiento de la sociedad totalmente positivo no puede ocurrir en la ausencia de una transformación interior. Mientras las raíces del sufrimiento que el individuo se inflige a sí mismo y a otros no se disuelvan primero en su corazón, la acción política, en el mejor de los casos estará condenada a decepcionar, y seguramente será desastrosa. En resumen, como nos ha enseñado Buda, sólo cultivando la liberación de la tiranía del egoísmo, mediante una atención sostenida en la ética, la meditación y la sabiduría, la participación en el mundo estará bien fundada. Regresaremos a este punto en el Capítulo 4.

En contraste, las ideologías políticas, aun aquellas que parecen tener buenas intenciones, se apoyan en la noción de la existencia de enemigos externos, a menudo creo yo, para ahorrarle a sus seguidores el reto de confrontarse con su propio enemigo interno. Siempre ha sido así: una vez derrotados los enemigos visibles, la revolución acaba con sus propios hijos, como pasó en la Francia revolucionaria durante el periodo del Terror, en la década de 1790. De nuevo, tendremos ocasión para discutir estos temas más adelante.

Si en siglos recientes, las ideologías políticas han ofrecido a muchos un supuesto camino hacia la felicidad, la ciencia, por su parte, ofrece otro. El ascenso mismo de la ciencia normalmente se asocia con el clima intelectual de los siglos XVII y XVIII, es decir, de la Edad de la Razón y la Era de la Ilustración, respectivamente. En esa época adquirió prominencia un nuevo tipo de pensador: el "intelectual" o "librepensador", que sustituyó al personaje del erudito, del sacerdote o del clérigo aprobado por la Iglesia como figura de prestigio y autoridad.[5] Este proceso, al igual que el ascenso de la cultura política, tiene sus raíces en la Reforma. A pesar de que Lutero sólo tenía planeada una nueva ortodoxia, su insistencia en la supremacía de la conciencia individual, nutrida solamente por la Biblia y no por la tradición, fue el inicio de la creación de un intelectual librepensador.

Los librepensadores del siglo XVII tampoco empezaron explícitamente como antirreligiosos. El más grande de ellos, René Descartes (1596-1650), fiel católico, esperaba dotar al teísmo de una defensa segura, argumentando que la existencia y la naturaleza de Dios podían ser determinadas sólo con el libre ejercicio de la razón.[6] Con ello, además contradijo a Santo Tomas de Aquino[7], quizás el más grande de los pensadores cristianos, quien, a pesar de su aristotelismo, había afirmado que algunas cuestiones sólo pertenecían a la esfera de la revelación y eran inaccesibles a la razón.

Desafortunadamente, tanto para Descartes, como para Lutero antes que él, su obra tuvo consecuencias totalmente inesperadas. Lutero no había sido capaz de prever que, al hacer la Biblia accesible para todos, se generarían cientos de interpretaciones diferentes de las sagradas escrituras, culminando en una que habría de rechazarlas todas. Descartes tampoco previó las consecuencias de su innovación; de hecho, no fue capaz de anticipar que, para finales del siglo XVIII, el libre ejercicio de la razón alcanzaría su inevitable apoteosis en las obras de verdaderos pensadores post-cristianos como Voltaire, Rousseau y Hume, quienes satirizaron la autoridad religiosa, planearon una sociedad completamente secular y demolieron toda argumentación a favor de la manifestación de Dios en la naturaleza, respectivamente.

Para el siglo XIX, entre los formadores de opinión en Occidente se concebía al cristianismo (católico o protestante) como una fuerza derrotada y desacreditada. Se había arraigado firmemente la idea de que, mediante el uso de la razón en el análisis científico del mundo natural, la naturaleza podría ser forzada a revelar sus secretos. Toda percepción de una presencia sagrada en la naturaleza –que en el catolicismo medieval se demostraba en los santuarios y otros lugares sagrados– fue proscrita, primero por la iconoclasia de la Reforma protestante, y ahora por la nueva ciencia. Creció entonces la convicción de que el mundo físico, la sociedad y, por último, la mente misma, podían ser comprendidos y reordenados de manera racional, y con esto, el sufrimiento sería eliminado. En breve, tomó forma la idea del científico como dios sustituto, dotado de los poderes atribuidos anteriormente por el cristianismo al Creador, tal como lo diseccionó astutamente Mary Shelley en su *Frankenstein* a principios del siglo XIX.[8]

Sin duda hubo muchos disidentes en contra de este clima de optimismo, pero aun ellos, ya sea los Románticos o, más tarde, Nietzsche, afirmaron que la humanidad moderna vivía en un mundo irremediablemente desacralizado, excluido para siempre de la continuidad de la experiencia humana presente en la tradición. Son relativamente pocos los que, como el poeta inglés William Blake (1757-1827), nunca aceptaron completamente esa visión.

Fue así como la praxis científica fue asociada de manera ilegítima con una ideología que podríamos llamar mejor "cientificismo".[9] Aunque afirme la autoridad de la ciencia, el cientificismo incluye tantas suposiciones no examinadas como cualquier otra forma de teísmo. Las raíces de este triste matrimonio alquímico entre ciencia e ideología se encuentran en el materialismo filosófico y antirreligioso que se propagó durante los siglos XVII, XVIII y XIX y que hoy sigue gozando de gran popularidad entre los que se consideran a la moda e intelectuales.

Es posible evidenciar un irónico paralelo entre el optimismo de los ideólogos políticos con respecto a sus sociedades utópicas y la firme convicción de los devotos de esta ideología cientificista, que concibe que llegará el día en que el "problema de la conciencia" se resolverá y todos tendrán que aceptar la tesis materialista. Mientras tanto, cualquier progreso beneficioso –como por ejemplo en el campo de la medicina, en el cuidado y tratamiento de enfermos, el cual está asociado a la aplicación de la verdadera praxis científica por parte de los científicos–, será atribuido erróneamente al materialismo.

Es necesario que este punto quede claro: el análisis que determina los procesos físicos específicos que desempeñan un papel en determinados trastornos o enfermedades y, de manera similar, establece la formulación de remedios específicos, no implica ningún compromiso con una u otra visión del mundo sobre la naturaleza última de la realidad. Por lo tanto, un médico investigador puede ser cristiano, judío, materialista o budista, porque la praxis científica sólo se basa en la observación y la comprensión de cómo determinadas causas y condiciones interactúan para producir un determinado efecto en una situación determinada.

No obstante, el cientificismo intenta conservar su prestigio justamente gracias a esa estratagema ilegítima que lo hace parecer ciencia. Al respecto, es importante subrayar su excepcional popularidad entre grupos de personas a menudo ignorantes de la ciencia, u hostiles a la religión por razones diferentes.

La ceguera tanto en la visión política como en la ideología cientificista ha tenido consecuencias desafortunadas. Sin control, es muy probable que esa ceguera transforme a cada ser sintiente en especímenes de la ciencia, imaginando que puede eliminar cualquier defecto o disfunción y controlar sus vidas desde la concepción hasta la muerte. Sus ambiciones son tales que niegan que los seres humanos posean una conciencia propia y la capacidad de actuar moralmente; y afirman que son mera materia física que actúa según las condiciones ambientales. Por supuesto este enfoque dejará intactas las principales causas del sufrimiento, causas que residen justamente en el corazón humano.

Cuando a estos defectos del cientificismo y de la ideología política le añadimos las dificultades que experimentamos para tener quietud, para reflexionar y para hacer juicios sabios, en un escenario en el que han proliferado medios electrónicos que satisfacen nuestros deseos inmediatos, es fácil comprender por qué nuestra cultura parece estar en bancarrota espiritual. Aunque han habido algunos avances, en muchos sentidos sólo han contribuido a la suma total de nuestra experiencia de infelicidad y alienación. ¿Entonces, qué es lo que debemos hacer?

El primer paso es admitir que la solución a esta crisis de la cultura moderna no es imaginar que podemos retroceder en el tiempo y esperar que todo vaya bien. En otras palabras, para la mayoría de las personas un regreso voluntario al teísmo (la creencia en un dios creador) con el fin de recuperar la unidad perdida entre lo sagrado y lo secular, no es posible. La libertad de pensamiento ya ha expuesto muchas de las inconsistencias del credo teísta. Además, gran parte de la práctica religiosa en Occidente ha sido severamente dañada. El hecho de que fuera de ciertos círculos la devoción popular está cada vez más moribunda, o que las otrora grandes órdenes monásticas se están encogiendo, confirman este análisis sombrío. Con todo el respeto hacia el gran poeta T.S. Eliot, quien decidió que la salvación del individuo y de la cultura se podían alcanzar sólo mediante la aceptación de la tradición cristiana, hay pocos motivos para buscar ayuda allí.

Este hecho crea así un espacio en nuestra cultura para el budismo, un sistema que, a diferencia de sus rivales espirituales, infunde confianza justamente por su acceso al razonamiento, posible gracias a sus tradiciones sofisticadas de indagación lógica y análisis filosófico. Buda mismo dio el ejemplo con su célebre máxima según la cual su enseñanza no debía ser aceptada basándose en mera fe ciega. Por el contrario, insistió que, de la misma forma que los comerciantes comprueban primero el peso y la pureza del oro antes de comprarlo, uno mismo debe evaluar la veracidad de sus enseñanzas antes de aceptarlas.

En los siglos después del fallecimiento de Buda, el énfasis en la importancia de la razón dio vida a una recopilación de obras filosóficas sorprendentemente rica, todavía poco conocida en Occidente. Entre los más grandes pensadores de la tradición encontramos quizás a los maestros indios Dharmakirti y Nagarjuna. El primero, con su obra sobre el sistema de cognición válida, defendió con firmeza las doctrinas budistas de la percepción, del renacimiento y de la causalidad; mientras que Nagarjuna, con sus escritos sobre el Camino Medio, se concentró principalmente en la elucidación de la enseñanza de Buda sobre la verdad última. Se hará mención de ambas obras en diferentes partes del libro.

Además, a diferencia de otros sistemas meramente teóricos, el budismo nos ofrece un sistema de métodos contemplativos mediante los cuales es posible experimentar la verdad esencial de manera directa. Según la tradición budista, de hecho, no es suficiente poseer la teoría correcta sobre el funcionamiento del mundo, porque si no cambiamos nuestra manera de relacionarnos con él, las causas del sufrimiento se quedarán operando emocionalmente en nuestro interior. Es decir, la verdad sobre la realidad tiene que ser cultivada o "generada" a través de la "meditación". Por ello, el papel de la meditación es desarrollar una atención hacia la verdad para poderla experimentar de primera mano. Al hacerlo, se sigue definitivamente el ejemplo de Buda mismo, para quien la verdad era liberadora en la medida en que la conocía por experiencia; así "despertó" del hechizo de las ideas erróneas.

A diferencia del teísmo, que parte de la apelación a la fe como autoridad de revelación, el budismo nos pide que comencemos con una examinación desapasionada de nuestras experiencias, acciones y motivaciones. Para que este examen sea eficaz, es realmente necesario desarrollar una atención y concentración sistemáticas: de ahí deriva la necesidad de la práctica de la meditación, para no tambalearnos ante la acumulación de ideas sobre el mundo, y poder así desenmascararnos y liberarnos de nuestras proyecciones.

A través de esta atención, basada en los dos métodos contemplativos de "calma mental" y "discernimiento profundo", podremos eliminar las fantasías y los malentendidos arraigados que caracterizan nuestra manera actual de relacionarnos con el mundo. Por lo tanto, emprender la práctica espiritual budista no significa una aceptación no crítica de determinadas nociones sobre el mundo, sino utilizar la guía de Buda para despertarnos a la verdadera naturaleza del mundo. En los próximos capítulos hablaremos más sobre esto.

Todas las otras corrientes filosóficas son clasificadas por el budismo como "eternalistas" o "nihilistas". Si bien estos son términos técnicos con connotaciones específicamente budistas, representan un método útil para clasificar las creencias centrales de todos los pensadores no budistas. Los sistemas "eternalistas" son aquellas filosofías o religiones que proponen la existencia de entidades que son permanentes. Un ejemplo de esta concepción sería la creencia en un dios creador y en las almas inmortales creadas por él, propia del cristianismo, del judaísmo, del islam y de algunas formas de hinduismo. Otra versión de esta idea es la postulación de la existencia de un Yo interior permanente que reside en todos los seres y que, al mismo tiempo, es idéntico a la realidad suprema, como afirma el sistema hinduista Advaita. No obstante, es evidente que las teorías "eternalistas" en su forma cristiana proveyeron hasta hace poco los supuestos intelectuales dominantes en Occidente.

En contraste, las corrientes que podríamos clasificar como "nihilistas" son todas aquellas teorías que rechazan la existencia de vidas pasadas o futuras, ya que para la mente la realidad no existe, sino que es sólo una serie de procesos físicos. Según estas teorías, cuando muere el cuerpo regresa a los elementos y es, por tanto, el fin de la vida. Hace más de dos milenios, en India, la escuela de Lokayata[10] sostenía estas ideas, al igual que algunas escuelas de pensamiento de la Grecia antigua; de forma similar, estas ideas son sostenidas hoy en día por los defensores del materialismo filosófico, cuyo surgimiento ya hemos examinado brevemente.

El budismo, por su parte, considera que ambos sistemas se desvían de una percepción correcta del mundo. Mientras los "eternalistas" tergiversan la continuidad e interconexión evidentes en todos los procesos convirtiéndolas en una noción de permanencia; los "nihilistas" distorsionan los procesos de cambio y desarrollo, rechazando la noción de continuidad. Las enseñanzas de Buda nos ofrecen un "camino medio" que trasciende estos extremos.

Al respecto, como hemos mencionado anteriormente, podemos comprender plenamente la naturaleza profunda del pensamiento de Buda utilizando la visión de los grandes pensadores como Nagarjuna, cuya exposición del Camino Medio excluía cualquier creencia en entidades permanentes, preservando al mismo tiempo, la continuidad entre las acciones y los resultados; es decir, una continuidad que no es otra cosa que el karma.

Para ser más específicos, en la visión del Camino Medio todos los fenómenos carecen de naturaleza intrínseca, –o de una individualidad– precisamente porque nacen de un proceso de dependencia, ya sea que dependan de una serie de causas y condiciones, de las propias partes constitutivas o de una mente observadora que los designe como algo existente. La vacuidad y la dependencia son, por consiguiente, la misma realidad observada desde dos perspectivas diferentes. El mundo y los seres que viven en él no son entidades estáticas, y por eso el cambio y la continuidad están entrelazados para crear el telón sobre el que se manifiesta todo lo que hay. Todo esto significa que el budismo ofrece una vía de escape del caos que ha corrompido el pensamiento occidental en cuatro áreas específicas.

Primero, el budismo ofrece bases sólidas para el comportamiento moral ahí donde el abandono de las ideas de dios y del alma han perjudicado fatalmente el fundamento lógico que empuja a llevar a cabo acciones morales, disipando la noción de una autoridad divina que otorgue recompensas y castigos, junto a la existencia de una entidad que los reciba. En otras palabras, aunque no sea teísta, el budismo mantiene una seriedad moral porque no necesita inventarse entidades estáticas imaginarias, ya sea almas o dioses, para argumentar a favor de las consecuencias de las acciones, consecuencias que a menudo se extienden más allá de esta vida para madurar más tarde en el flujo existencial del que nuestra existencia humana presente es sólo una manifestación temporal.

Segundo, si bien el cristianismo ha ofrecido, por lo menos en sus formas más contemplativas (como el hesicasmo[11] o la mística renana[12]), una especie de experiencia religiosa vinculada al teísmo, como lo hizo el judaísmo, por ejemplo, en el sistema de la Cábala de Isaac Luria (1534-1572),[13] estos sistemas son vulnerables al ataque de la razón precisamente por su fundamento teísta. El budismo, por el contrario, ofrece su repertorio de prácticas contemplativas en un contexto no teísta, que lo convierten en un acercamiento a la experiencia espiritual especialmente apropiado para nuestro temperamento moderno un tanto escéptico.

Tercero, donde el cientificismo reclama representar el triunfo de la razón sobre la religión, la praxis filosófica budista se contrapone y recupera el papel de la subjetividad humana y de lo transcendente, sin refugiarse en la fe ciega ni en la sumisión a una autoridad divina.

Finalmente, donde las ideologías políticas prometen una transformación radical de la sociedad, pero pueden terminar esclavizándola, la enseñanza de Buda nos ofrece los medios –necesariamente al alcance de los seres humanos– para empezar este camino de manera más sabia, reconociendo que esta trasformación tiene que nacer en la esfera íntima de nuestro propio corazón. Estos dos temas se discutirán con mayor detalle en los Capítulos 4 y 9.

Por consiguiente, se podría decir que el budismo ofrece un remedio a las deficiencias del cristianismo y de sus hijas rebeldes: la ciencia y la política. De ser así, su aparición en Occidente no podría ser más oportuna.

No obstante, para que el budismo sea efectivo es necesario resistir a la tentación de adaptar sus principios a las ideas dominantes de nuestro tiempo. Después de todo, son justamente su insuficiencia y su ceguera las que han generado un espacio para la enseñanza de Buda. Volveremos a hablar de estos temas en los dos capítulos siguientes, en los que se examina la relación del budismo con la ciencia y la política: dos áreas en las que el entusiasmo desenfrenado y la ignorancia de sus fundamentos podrían ser en cierto modo problemáticos para el desarrollo del budismo en Occidente.

Capítulo 3
Ciencia

La ciencia parece ser omnipresente en el mundo moderno, y es difícil negar su fuerza explicativa y sus beneficios. De hecho, como ya hemos observado, el ascenso aparentemente imparable de su estatus ha llevado a algunos a afirmar que el budismo, para poder sobrevivir, tiene que hacerse más "científico". En este capítulo vamos a debatir ese tema, ya que es fundamental distinguir entre la "ciencia" –un medio de análisis y descripción del mundo que no depende de ninguna visión filosófica en particular– y el "cientificismo", que es una rama de la teoría filosófica del materialismo.

A primera vista, la sugerencia de hacer el budismo más "científico" podría parecer interesante. No obstante, si analizamos las verdaderas consecuencias de hacerlo, nos será claro que, aunque fuera posible hacerlo, no funcionaría nunca, ni ayudaría a nadie. Esto no significa que aboguemos por asignarle al budismo una categoría especial atribuida sólo a las "fes", o como una reserva protegida que no admite razonamiento alguno. En este sentido, el budismo no se parece a ninguna de las diferentes formas de teísmo, cuya autoridad, en definitiva, reside (contrariamente a lo que esperaba Descartes) en la aceptación de la revelación divina. Por el contrario, el Dharma, el cuerpo de las enseñanzas de Buda, sólo necesita ser defendido por el razonamiento y la experiencia directa, herramientas que no requiere tomar prestadas de la ciencia. En otras palabras, el budismo ya posee el razonamiento necesario como instrumento para verificar y defender sus ideas. Además, parece que los que abogan por un budismo más "científico" en realidad están intentando transformarlo en un credo filosófico disfrazado de ciencia.

En estas discusiones, mucho de lo que se presenta como "ciencia" no es una verdadera praxis científica, sino una teoría filosófica, el "materialismo", y es fundamental distinguirlas. A pesar de que se siguen haciendo numerosos descubrimientos científicos, el materialismo filosófico moderno es, en los aspectos más importantes, idéntico a los sistemas materialistas de la India antigua: sistemas que Buda y los grandes maestros de nuestra tradición conocían y rechazaron. Tanto en sus formas antiguas como en las más modernas, el materialismo afirma que la conciencia es, en el mejor de los casos, un epifenómeno derivado totalmente de fuentes físicas (los "cuatro elementos" o, como se les llama hoy en día, procesos eléctricos y químicos que ocurren en el cerebro). Sin embargo, en ambos casos, la afirmación de que la conciencia es el efecto de causas no conscientes viola todo razonamiento. No importa cuántos procesos eléctricos o químicos existan, estos no equivalen a la conciencia (es decir, la continuidad sin forma que experimenta y conoce el mundo), sino que se añaden a la reorganización de los procesos físicos. ¡Vaya modernidad vanguardista la del materialismo que promueve esta noción sólo para obligarnos a pensar que es la ola irresistible del futuro!

De hecho, la insistencia actual en que la ciencia por sí misma puede responder todas las preguntas sobre la naturaleza de la realidad, no es sino "cientificismo", como lo describimos anteriormente, un credo casi religioso según el cual el conocimiento científico es la única forma de conocimiento digna de tal nombre. Más vergonzoso para sus partidarios, aunque lo mantengan oculto, es el hecho de que la creencia en la ciencia se sustenta en una premisa y no en una conclusión a la que hayan llegado a través de la investigación.

El materialismo no puede justificar cómo la vida nació de la no-vida, o cómo la conciencia nació de la no-conciencia, con afirmaciones más convincentes que la del teísta que afirma que Dios simplemente dijo: "que se haga la luz." Este materialismo moderno no añade nada a las teorías materialistas precedentes, más que la ilusión de que si los procesos físicos más complejos se describen con todo detalle, nosotros los espectadores, no nos daremos cuenta del truco que transforma mágicamente la materia no sintiente en algo sintiente –una noción tan factible como la transformación de Pinocho en un niño de verdad. Las descripciones de cómo aparecen estos procesos físicos podrían incluso ser válidas, pero no lo son cuando se infiere con éstos cómo nació la vida, o la naturaleza ontológica de dichos procesos.

El budismo no tiene nada que temer de la ciencia y, menos aún necesita postrarse ante ella. La verdadera labor de la ciencia es formular y probar hipótesis sobre el funcionamiento de los procesos físicos. Sin duda, por eso la ciencia no tiene parangón en el descubrimiento y en la cuantificación de todo lo que tiene una explicación material o mecánica (por ejemplo, la estructura del ADN), pero no puede hacer más. Esta limitación estructural no invalida la utilidad de la actividad científica, pero implica que no tenga nada significativo que decir sobre temas como la naturaleza de la mente misma. Tampoco puede agregar nada de valor sobre la naturaleza del comportamiento ético, del altruismo, y de la liberación del ciclo de sufrimiento, que son las principales preocupaciones del budismo. Está claro que la ciencia tiene mucho que decir, en cambio, sobre el cerebro y el sistema nervioso, los cuales, desde la perspectiva del budismo, son las condiciones co-operantes necesarias para que la mente pueda interactuar con el mundo.

La ciencia por sí misma no representa ningún peligro para la enseñanza de Buda; lo peligroso ocurre cuando el llamado a un "budismo científico" insiste en la alineación del budismo con las proposiciones materialistas del "cientificismo". Insistir que el budismo tenga que alinearse con principios que, de hecho, forman parte de la filosofía materialista (o sea, que van más allá de la praxis científica de la ciencia) contradice la visión filosófica esencial del budismo. Ese budismo no sería budismo, sino una apología reductiva y marchita del budismo, desprovista de los principios fundamentales de la enseñanza de Buda.

Un budismo rediseñado para acomodar al materialismo, por ejemplo, sería necesariamente un budismo sin renacimiento. Por lo que, si la mente no existe y sólo hay procesos materiales, tampoco pueden existir las vidas pasadas y futuras. Esto se desprende del hecho que, una vez que el cuerpo llega a su fin con la muerte, no puede haber ninguna otra base para la experiencia.

Uno podría afirmar en este punto que la enseñanza budista del renacimiento parece demasiado alejada de nuestra experiencia, por lo que tendríamos que insistir en una nueva forma de budismo. En realidad, la noción del renacimiento es extraordinariamente simple, y al mismo tiempo, es un proceso continuo; es decir, morimos tanto momento a momento, como de una vida a otra. Podemos encontrar la verdad profunda y, por tanto/por ende, temporalmente escondida del renacimiento de una vida a otra, observando el proceso mientras ocurre en el aquí y el ahora. Cuanto más comprendamos que nuestra naturaleza se caracteriza por la fluidez, y que de hecho siempre estamos experimentando un proceso continuo de renacimiento, más relajados nos sentiremos con el movimiento de una vida a otra. En resumen, es el apego a la idea de nosotros mismos como entidades fijas y estáticas, atadas a Dios (en términos generales, la visión de los "teístas"), o al sueño de la no-existencia (visión generalmente atribuida a los "materialistas"), que nos hace resistirnos a la verdad del renacimiento que, al final, no es otra cosa que la conciencia de que toda la realidad es un proceso sin discontinuidades radicales.

Al suscribir este supuesto budismo "cientificista", no sólo se desecharía la enseñanza fundamental del renacimiento, sino también el principio del karma relacionado con ella. Si se rechaza la realidad de la mente, se deduce inevitablemente que sería redundante cualquier debate sobre la acción (el karma) y la esperada maduración de sus frutos, una teoría fundamental para el pensamiento moral budista. Según Buda, el karma es principalmente de carácter mental. Por consiguiente, si rastreamos la evolución de una acción determinada, veremos que empieza con una intención mental, ya sea virtuosa o no virtuosa; es decir, una intención contaminada por las emociones venenosas del deseo, del odio y de la ignorancia, o motivadas por sus corolarios virtuosos. Posteriormente, esta acción o intención mental puede traducirse en una acción verbal o física. Sin embargo, si rechazamos a la mente como los materialistas, tiene tan poco sentido hablar de intención o motivación como atribuirle motivación a una aspiradora.

De acuerdo con el budismo, nuestras acciones le dan forma a nuestra experiencia futura, principalmente, por medio de la generación de tendencias de determinados tipos de experiencias y acciones. Estas tendencias se llevan en nuestro flujo mental, tal como lo han descrito los pensadores de la escuela llamada "Sólo Mente". Pero estas tendencias sólo se manifestarán si se producen las condiciones apropiadas para ello. Como no existe ninguna mano escondida como la de Dios que organice las cosas, sino la interacción ilimitada de una gama de fenómenos que conforman el mundo, el momento en el que se den los frutos de nuestras acciones, aún podría estar lejano. En resumen, éste es el significado del karma, una doctrina que ha sido trágicamente malentendida y tergiversada.

Si realmente no existiera la mente (y sólo hubiera impulsos eléctricos y químicos del cerebro, como insisten los materialistas), se derrumbaría también la distinción budista entre virtud y no-virtud. Esta distinción se establece a partir de la intención y, como acabamos de notar, en ausencia de la mente tampoco se puede concebir la intención. Además, el diagnóstico de Buda sobre nuestra situación sugiere que la causa inmediata y principal del sufrimiento que nos infligimos a nosotros mismos y a los demás, es que nuestras acciones están dominadas por las emociones primarias del deseo, del odio y de la ignorancia; por lo tanto, argumentar a favor de un mundo sin mente, sería claramente contradictorio con este análisis. En pocas palabras, sin el evento mental de las emociones perturbadoras, no habría causas del sufrimiento, y menos aún, una mente que las experimente.

Podríamos seguir detallando todos los principios budistas fundamentales que se destruirían con el "budismo cientificista"; pero sin ir demasiado lejos, es fácil imaginar que esta nueva doctrina no dejaría intacto ningún aspecto del budismo, excepto, quizás, el sentarse con las piernas cruzadas y hablar pacíficamente sobre la paz. Es posible que este tipo de actividad tenga sentido desde la perspectiva comercial, porque hoy el "budismo" se vende caro en los seminarios sobre "espiritualidad", pero no es el budismo conocido por ninguno de nuestros predecesores.

Sin duda no todos los que comprenden la importancia de promover un diálogo entre el budismo y la ciencia son defensores de tal "budismo-no-budista". De hecho, puede haber ciertos análisis científicos, en campos como la física, en los que los investigadores se sienten inevitablemente atraídos por encontrar resonancias con algunas enseñanzas budistas, como la de la interdependencia y la de la vacuidad de los fenómenos. En estos casos es fácil comprender por qué, después de estudiar esas disciplinas, esas personas se sientan inspiradas por el budismo.

No obstante, en muchos casos, no se puede evitar notar, que muchos de los que entablan ese diálogo con los científicos, desde el lado budista, no están calificados para distinguir entre la auténtica praxis científica y el cientificismo, ni entre el trabajo científico legítimo y las afirmaciones filosóficas falsas que se introducen en dichas discusiones al ser clasificadas erróneamente como "ciencia". Desafortunadamente, estas personas a menudo no son conscientes de que, en términos budistas, la ciencia no es una "visión". El budismo define una "visión" como un camino para entender la naturaleza de la realidad, como es el caso también de cualquier filosofía o sistema religioso. La praxis científica es distinta a cualquier sistema filosófico o religioso. Como resultado, estas personas creen, equivocadamente, que todos los científicos se adhieren a una visión monolítica del mundo.

Es más, aun cuando se aclaran esos malentendidos, queda la duda sobre la utilidad de las discusiones entre budistas y científicos, cuando notamos, por ejemplo, el énfasis que se le da a argumentos filosóficamente triviales, como la validación de la práctica meditativa mediante el estudio de las ondas cerebrales que ocurren durante la meditación. Obviamente, uno podría estar de acuerdo en que durante la meditación, la actividad cerebral se modifica; pero es difícil ver cómo esta información puede contribuir de manera importante en el proceso de disolución de los dos velos –el de las emociones perturbadoras y el de la ignorancia–, la única disolución que sola puede llevar a la iluminación. Por ejemplo, ¿habría llegado Jetsun Milarepa (1040-1123), el más eminente yogui de la tradición Kagyu, a la iluminación más rápido si hubiera conocido la neurología? Basta con plantearnos la pregunta para responderla. La pura verdad es que la meditación podría ir acompañada de una serie de efectos físicos, desde la modificación del pulso, hasta una alteración de la frecuencia de las ondas cerebrales; pero esos efectos no son la fuente primaria de experiencia de la mente meditativa, como no lo es tampoco, por ejemplo, la desaceleración de la digestión durante la meditación.

En breve, hasta ese comprensible deseo de hacer progresar el budismo asociándolo al prestigio de la ciencia podría obscurecer su verdadero poder. La fuerza especial de la enseñanza de Buda reside justamente en el diagnóstico del sufrimiento y de sus causas, y en su prescripción del camino para lograr el cese de tales aflicciones. Esto significa que el budismo puede hablar por sí mismo, incluso en el mercado moderno de las ideas. De ello se desprende que la mejor manera en la que podemos ayudar a preservar la enseñanza de Buda es ser fieles a ella. Hoy en día, ésta podría ser la acción más radical que podamos realizar.

Capítulo 4
Política

La enseñanza de Buda nos ofrece los medios para reexaminar nuestro entendimiento de quiénes somos y cuál es la naturaleza del mundo. Inevitablemente, esta revisión debe llevarnos a un cambio en nuestra manera de relacionarnos con los demás. Al fin y al cabo, es innegable que una de las principales máximas de las enseñanzas budistas es la interdependencia, es decir, que nada ni nadie existe verdaderamente aislado de los demás. Por consiguiente, si cambiamos nosotros, empezamos a cambiar el mundo. El objetivo de este capítulo no será, por tanto, la promoción de un desentendimiento absoluto del mundo.

No obstante, es cada vez más apremiante evitar la sumisión de la vida espiritual a la política. En nuestro caso, como budistas, se trata de preservar un espacio en el que la fuerza liberadora del budismo pueda actuar. Cuando afirmamos esto, no quiere decir que insistamos en evitar todas y cada una de nuestras responsabilidades sociales; de la misma forma que no buscamos negar la utilidad de la ciencia cuando argumentamos que el budismo debe resistirse al llamado del cientificismo. Más bien, queremos subrayar la urgente necesidad de recuperar el equilibrio en la relación entre la religión ("espiritualidad", si insisten) y la política, en un tiempo y en una cultura en los que el prestigio y el poder de la política han crecido de forma alarmante, mientras que los de la religión han desaparecido casi por completo.

Cualquier observación desapasionada de la realidad moderna no puede sino llegar a la triste conclusión que, cuanto mayor sea nuestra obsesión con la política y la ideología política, mayor será el espacio que éstas parecerán ocupar en nuestras vidas. La ideología política es, por citar una frase, "un dios celoso": no quiere que nuestra lealtad a ella tenga competidores. Esa es la razón por la cual, si no oponemos resistencia a ella, alejará la dimensión espiritual de nuestras vidas y de nuestra sociedad.

Hoy existe otra clara amenaza para el budismo en Occidente. Como ya ha pasado antes en la historia, el budismo se podría someter fácilmente a la ideología política. En el Japón de los años 1930 y 1940, algunos elementos del budismo zen se pusieron al servicio del militarismo chovinista[14]; no obstante, aquí puede tratarse de otro tipo de subversión. Me refiero a una sumisión sutil pero potencialmente letal que se vuelve evidente con la adaptación y la asimilación del budismo a otras formas religiosas o culturales. Por ejemplo, en Estados

Unidos y en otros lugares un proceso similar consistió en la adaptación, si no sumisión, del budismo a una serie de nociones de moda y "progresistas", algunas benignas, pero otras que claramente contradicen los preceptos budistas del principio y fin de la vida y de la práctica de la no violencia.

Es alarmante que, aunque en estos ámbitos existe una clara distinción entre los valores auténticamente budistas y los de la sociedad contemporánea, una gran parte de la población budista occidental parece no haberla notado. Como resultado, acepta sin cuestionar los paradigmas políticos y éticos dominantes. Quien quiera confirmar esto sólo tiene que mirar las revistas budistas en venta hoy o visitar la mayoría de los centros budistas frecuentados por occidentales. Incluso le he oído decir a ciertos individuos, que se hacen llamar maestros en Estados Unidos, que la explicación de Buda sobre el sufrimiento es incompleta y que hay que compensar sus faltas aceptando el análisis superior propuesto por la ideología política. Si bien podemos esperar esto de un no-budista, debemos preguntarnos cómo alguien que hace tales afirmaciones puede tomarse en serio como budista, y menos aún como maestro de budismo. De hecho, la enseñanza de Buda nos ofrece una explicación exhaustiva sobre el sufrimiento y su antídoto; negarlo, por lo tanto, significaría negar la efectividad del camino que Buda enseñó.

Desafortunadamente, entre los conversos occidentales al budismo que leen estas publicaciones o frecuentan esos centros, son muy pocos los que parecen haber reflexionado sobre las consecuencias lógicas de sostener la visión errónea de que la enseñanza de buda es deficiente y que, por tanto, debe ser complementada con la ideología política. Sin embargo, el triste destino de las principales iglesias cristianas tendría que servir de advertencia sobre cómo subvertir las enseñanzas religiosas tradicionales a la ideología de moda puede destruir una tradición espiritual otrora grandiosa. La adopción de puntos de vista políticos seculares por estas iglesias y sus intentos por hacerse más atractivas deshaciéndose de sus formas y doctrinas tradicionales, han llevado a la devaluación de su seriedad espiritual, y está haciendo todo para garantizar su desaparición. Su declive es un triste testimonio de lo que ocurre cuando intentamos complacer a la multitud subordinando nuestra enseñanza a causas políticas y de moda.

En comparación con ese sentido persistente de decadencia que están experimentando las principales corrientes del cristianismo, el budismo sigue teniendo una vida espiritual vigorosa. El hecho de que la esencia de las enseñanzas de Buda sigue prosperando es totalmente normal, debido a que dichas enseñanzas forman parte de un sistema de análisis filosófico y de práctica contemplativa radicalmente diferente, un sistema que va más allá de los accidentes de la cultura, que supera la vida y la muerte mismas; es decir, se mueve en el terreno esencial de la realidad. No obstante, hoy es muy posible que lo que se vende, empaqueta y describe como "budismo" se convierta en una serie de accesorios para aquellas personas cuyos miedos más profundos y valores no son budistas en lo absoluto, pero que anhelan la esencia de una "espiritualidad" no amenazadora que llene su identidad.

Para reafirmar la supremacía de la enseñanza de Buda frente a sistemas y opiniones seculares, nosotros, budistas modernos, tenemos que evitar cometer el error de vincular el budismo a cualquier ideología política pasajera, vieja o nueva, independientemente de su posición en el escenario político. Sin duda, esto desanimaría a la gente con opiniones divergentes a asistir a eventos budistas; contrariamente a lo que esperaríamos de que el encanto universal de las enseñanzas de Buda fomente la participación de personas con una gran variedad de opiniones diferentes. Si intentáramos vincular el budismo exclusivamente a una corriente política en particular, las comunidades budistas se convertirían en entidades cultural e intelectualmente monocromáticas y, por ende, cuando éstas pasen de moda, el budismo también estaría condenado al olvido. El punto clave es que ninguna de estas ideologías podría representar al budismo, ya que ninguna de éstas posee su profundidad e inmensidad. Cualquier ideología reduciría, por no decir corrompería, las enseñanzas de Buda. Por tanto, debería sernos obvio que el budismo no pertenece ni a la derecha, ni a la izquierda, ni al centro.

Contrariamente a lo que hemos dicho arriba, aquí algunos podrían afirmar que equiparar la enseñanza de Buda a cierta forma de política es fácil. Por ejemplo, podrían argumentar que en las enseñanzas de Buda es posible detectar una ideología política idéntica a una determinada plataforma política moderna. Sin embargo, esas personas harían bien en recordar que el mismo Buda, a lo largo de su vida, aconsejó tanto a monarcas, como a la "república" Shakya de su tiempo; por lo tanto, no se puede establecer con claridad cuál podría haber sido su forma de gobierno preferida. Desde un punto de vista histórico, las entidades políticas budistas han sido principalmente monárquicas, y han tenido resultados mixtos: algunas veces positivos, otras veces negativos. A pesar de que algunas monarquías se basaron en la simbología budista y en su pasado para embellecer y consolidar su propio régimen, no es difícil imaginar que en otras formas de gobierno hayan hecho lo mismo.

La enseñanza de Buda tampoco puede ser relacionada con ningún sistema económico en particular, más allá de su énfasis en la necesidad de honestidad y el repudio del robo en el intercambio con los demás. En el siglo V a.e.c, durante la vida de Buda, sus enseñanzas se propagaron rápidamente en las nuevas economías empresariales y urbanizadas de la India septentrional, y Buda recibió un amplio apoyo de la ascendente clase mercantil. Si bien Buda aconsejó a sus seguidores que se cuidaran de la avaricia –por ser un obstáculo a la práctica espiritual–, no desincentivó la acumulación prudente de riqueza, ya que les permitiría llevar a cabo su práctica espiritual y realizar esfuerzos caritativos. De igual forma, más tarde, en diferentes regiones, el budismo se convirtió en la religión del campesinado, de pastores nómadas y de intelectuales urbanos, cada uno con sus propios sistemas económicos y sociales. Por consiguiente, no podemos extrapolarle al budismo una ideología económica en particular, de toda la variedad de estructuras económicas en las que las enseñanzas de Buda florecieron, tanto durante su vida, como después de su muerte.

No obstante, aun admitiendo todo eso, algunos podrían incluso afirmar que, para darle voz al budismo en el mundo moderno, es importante crear un movimiento político que pueda representarlo mejor. Por ejemplo, se podría abogar por la diseminación de una ideología política budista para que los budistas pudieran formar una especie de bloque electoral y, quizás, hasta un partido político budista que pudiera asumir gradualmente el poder (de manera más pacífica y consciente que nuestros opositores políticos, naturalmente). Aunque haya opiniones divididas sobre la utilidad de este proyecto, habría que admitir que la historia del partidismo de gobiernos o partidos religiosos budistas no es muy alentadora, ni siquiera en el Tíbet.[15]

Para nosotros los budistas, las preguntas más importantes son: "¿Cuál es la fuente del sufrimiento y qué se puede hacer al respecto?" Por cierto, es fundamental observar de inmediato que el "sufrimiento" al que nos referimos aquí, no es simplemente la insatisfacción y las miserias de esta vida, sino también, desde el punto de vista budista, el sufrimiento de la muerte y de lo que viene después, ya que cada vida se inserta en una continuidad de repetidas vidas y muertes hasta que se alcanza la liberación. Por eso, igual que para los seguidores del cristianismo y del judaísmo, una dimensión cósmica del sufrimiento existe para los seguidores de Buda.

Mientras cada religión, aunque de manera diferente, insiste en las dimensiones cósmicas e interiores del sufrimiento, en las narraciones del sufrimiento y las soluciones a éste que ofrecen las ideologías políticas modernas, estas dimensiones están totalmente ausentes. Dichas ideologías, ya sean marxistas, anarquistas, nacionalsocialistas, fascistas, liberales o ambientalistas –independientemente de la posición que ocupen en el llamado mapa político– identifican condiciones externas como la fuente principal del mal. Además, excluyen o niegan completa o parcialmente cualquier referencia a una vida futura. Como dijo Rousseau, el abuelo de la ideología política más moderna: "El hombre ha nacido libre y, sin embargo, vive en todas partes entre cadenas".[16] Por lo tanto, los pensadores de esta corriente afirman que el estado de felicidad deseado puede alcanzarse al transformar esas condiciones externas por medio del cambio social. En las repeticiones subsiguientes de este credo, a la lucha para crear un mundo perfecto se le añadieron el poder de la ciencia y la tecnología para producir los cambios deseados. Como dijo Lenin: "El comunismo es igual al poder de los soviets, más la electrificación de todo el país."[17]

El primer problema de estas ideologías es su reducción materialista del ser humano a un simple ser físico, para quien la simple reordenación de las circunstancias físicas es suficiente para abolir el sufrimiento. El ideólogo, entonces, ignora a la mente y con ello ignora también la complejidad y lo caótico de las causas del sufrimiento, que no se modifican con una reorganización externa.

Un segundo defecto de estos sistemas ideológicos es que, como mencionamos anteriormente, curiosamente dependen de la aceptación de un mito del progreso derivado de la noción cristiana de la historia como una progresión lineal; es decir, podemos vislumbrar la subestructura intelectual cristiana en la orientación histórica compartida por estas ideologías.

Esta apropiación lamentable y no reconocida es evidente en la forma en que todas estas ideologías invocan un estado de perfección previo al pecado original, aunque ahora el Jardín del Edén es adaptado por Rousseau en la forma de un "estado natural", por Marx en el "comunismo primitivo" y así sucesivamente, perdido después con el pecado original, resultando en la creación de leyes y de la propiedad privada. Sus deformidades acabaron en el sufrimiento que se experimenta con el capitalismo y que culminaría, al final de los días, en una "segunda venida" y el correspondiente fin de la historia, ahora reconfigurado, por ejemplo, como la Revolución y el triunfo del proletariado, o de cualquiera que sea el grupo oprimido *de nos jours*.

Por supuesto, después de la caída del comunismo, algunos pensadores estadounidenses ofrecieron una versión ligeramente diferente; entre ellos, Francis Fukuyama proclamaba el fin de la historia con el triunfo de la democracia liberal estadounidense y del capitalismo.[18] En todo caso, resulta gracioso que todos estos movimientos, abiertamente anticristianos, reciclan la visión cristiana de la historia y que, exactamente como los desventurados milenaristas del pasado, tienen que inventarse excusas cada vez más desesperadas sobre por qué la tan esperada utopía nunca llega. En suma, con sus promesas de una sociedad perfecta y de un ser humano perfeccionado, estas ideologías políticas nos venden viejos cuentos de hadas vestidos de modernidad. No existe ni una pizca de evidencia sobre la autenticidad de esas promesas. Si se quisiera creer en estas doctrinas, uno tendría que hacer un acto de fe mucho más grande que el que se le exige al creyente cristiano. Parafraseando al gran Oscar Wilde, uno ha de tener un corazón de piedra para no reírse de la contorsión mental que se les exige a estos seguidores políticos.

Un tercer defecto de las ideologías políticas, como señalé de paso antes, es que a menudo éstas sirven para huir de las emociones perturbadoras y de las debilidades morales de nuestro interior, y para proyectarlas a los demás. Con demasiada frecuencia, la política y la ideología son la puesta en práctica del apego, de la ira y de la ignorancia. Como declaró el bardo de Minnesota:

> *El poder y la avaricia y la semilla corruptible*
> *Parecen ser todo lo que hay.*[19]

Esto es evidente en la forma en que la política pone siempre a unos contra otros. Aquí está Bob Dylan nuevamente, esta vez reflexionando (y divirtiéndose) sobre los ideólogos involucrados en el naufragio de la cultura contemporánea:

> *Alabado sea el Neptuno de Nerón*
> *El Titanic zarpa al alba*
> *Todo el mundo grita "¿De qué lado estás tú?"*[20]

Las divisiones causadas por la ideología nos hacen pensar que ésta puede resultar atractiva precisamente porque la excitación y los placeres que el odio produce son más persuasivos que cualquier deseo de ayudar a los demás. A esta mezcla embriagante se le añade el escalofriante placer producido por la convicción de ser buenas personas al seguir estas ideologías. Uno podría preguntarse también si la verdadera satisfacción de la mayoría de los ideólogos más exitosos no es la coerción y la manipulación de los demás. Hoy en día, y paralelo a la caída de la religión, esta coerción muy seguramente se disfraza en sus discursos de "compasión", tomada prestada (o mejor dicho robada) de un cristianismo debilitado o de un budismo poco exigente y, por ende, "aceptable".

De ese modo, mientras que la mayoría de las religiones requieren que las personas mejoren interna y moralmente, y así mantengan cierto realismo y paciencia con respecto a la velocidad en que se dé su transformación (la cual se desarrolla a lo largo de una o más vidas); la ideología política, al desconocer la vida interior y las vidas futuras, exige obediencia inmediata. Como resultado, está dispuesta a castigar severamente cualquier forma de inconformidad ideológica, categorizando a las personas como pecadores y redimidos –ahora rebautizados "correctos" e "incorrectos"– con tanta rapidez y seguridad como la de un viejo pastor puritano, que revisa cada señal o manifestación de inconformidad ideológica con el fervor de un inquisidor.

El estado de perfección perseguido por las ideologías políticas es, por supuesto, inalcanzable. Como cualquier otro objeto de deseo, no es sino una proyección de las emociones perturbadoras de la mente. Así como cuando bebemos agua salada para calmar la sed, el alcanzar cualquier objetivo político, cultural o social deseado por parte de estos ideólogos, nunca será suficiente para satisfacerlos; como resultado, les será necesario perseguir pronto otro objetivo. Así, el trinquete se tensa, como debe ocurrir siempre, y con ello el pasado queda abolido, ya que el recuerdo de lo que antes sucedió, revelaría que lo que una vez se anunció como el estado de perfección que pondría fin a toda actividad, en realidad no es el último final.

De ahí que aquellos que alguna vez fueron revolucionarios deban, ya sea mejorar ("evolucionar") sus puntos de vista y objetivos, o esperar ser consumidos por las feroces demandas de progreso y sus nuevas exigencias. Efectivamente, la demanda cada vez mayor de pureza política crece con el aumento en la exigencia del refinamiento de sus objetivos. En este sentido, Robespierre inevitablemente se convirtió en una víctima de la siguiente ronda de purgas políticas. Por cierto, las comunidades religiosas –incluidas las budistas– que aseguran que nunca serán víctimas de la intolerancia del ideólogo que les impide practicar su religión, tendrían que reconsiderar sus afirmaciones; tarde o temprano, llegará su día.

Para muchos, incluyendo a una gran y preocupante cantidad de personas que dicen ser budistas, la ideología política moderna se ha convertido, muchas veces inconscientemente, en un sustituto de la religión; es decir, se ha convertido en la fuente de sus valores más profundos. Desafortunadamente, esta ideología política es, en muchos sentidos, simplemente la expresión de una fantasía prestada decadente, ejercida en gran medida por maleantes. Una vez en el poder, estos ideólogos pueden inducir a la gente a que los apoye, complaciendo a cambio sus instintos más bajos – la avaricia, el odio, y la ignorancia (los "tres venenos")–, que son, según Buda, las verdaderas raíces de nuestra insatisfacción.

Con respecto a los gobernantes, los versos de Ezra Pound me parecen apropiados:

Todos los hombres son iguales ante la ley.
...[pero]
Elegimos al bribón o al eunuco
para que nos gobierne.[21]

De acuerdo con el budismo, el camino hacia la liberación del sufrimiento no radica en la manipulación del mundo externo, sino en la reforma interior: una trasformación de nuestra comprensión, de nuestra experiencia y de nuestras acciones. Por eso, si volvemos a plantearnos la misma pregunta de antes sobre la fuente del sufrimiento, nuestra respuesta sería que el sufrimiento es resultado directo de nuestra elección de actuar de manera egocéntrica. Todas las decisiones que tomemos bajo la influencia del deseo, de la ira y de la ignorancia no son virtuosas *ipso facto* y, por tanto, sólo pueden traernos sufrimiento a nosotros mismos y a los demás, aun cuando ese sufrimiento no se manifieste inmediatamente.

La inevitable conexión entre el comportamiento egoísta y el sufrimiento resultante es que ambos radican en una noción equivocada de nosotros mismos y del mundo: una noción que da por hecho que poseemos una identidad contigua con el cuerpo o la mente que es permanente, singular y autónoma (a la que llamamos "ego", "personalidad" o algo más), y que los fenómenos "allá fuera en el mundo", que también poseen las características de solidez, pueden ser apropiados o rechazados, y doblegados a nuestra voluntad. En resumen, estamos en constante lucha con la realidad y, por consiguiente, ninguno de nuestros esfuerzos puede llevarnos a una auténtica liberación del sufrimiento. Por el contrario, esta actitud asegura la llegada de más sufrimiento, ya que con cada nueva ronda de decepción, frustración e infelicidad se desencadenan nuevas tentativas de extraer felicidad de un mundo que no es posible controlar con nuestro ego.

Entonces, en vez de existir en el exterior, la fuente última del sufrimiento reside en la mente. Pero eso no quiere decir que la mente sea una cosa que existe verdaderamente y que sea inherentemente impura e irremediablemente malvada o, por el contrario, intrínsecamente buena. Actualmente está cubierta por los velos de la ignorancia y de las emociones perturbadoras, pero a través de un proceso de estudio, reflexión y meditación (los tres entrenamientos que constituyen la reforma interior), puede ser liberada de esos velos. Al liberarnos así, nuestra capacidad para la sabiduría y la compasión, cuya alienación es causada por nuestro estado actual egocéntrico, irradiará nuestra vida y la de los demás. Ese es el significado de ser un buda: la incesante preocupación por los demás y trabajar para su beneficio. Este estado tan radical, contrariamente a lo que afirman ciertas interpretaciones modernas débiles, es el verdadero significado de la iluminación.

Asimismo, en absoluto contraste con las ideologías políticas modernas que promueven una noción de progreso ineludible e irreversible, el budismo ve la impermanencia y el cambio como un proceso inevitable en todo lo que ha sido creado; por lo tanto, la sociedad no puede alcanzar un estado final perfecto. Ningún reino ni república, ninguna nación ni civilización puede durar para siempre, como tampoco pueden durar para siempre el cuerpo, las relaciones, el estatus o las opiniones. Todos estos elementos emergen y, a su debido tiempo caen, ya que todo nace del vínculo entre causas y condiciones. Mejoras en condiciones externas, económicas o sociales, no son imposibles, pero en el mejor de los casos son provisionales y temporales.

Además, es difícil entusiasmarse con la propuesta de que a los políticos se les deba confiar la mejora de la humanidad, como insiste la ideología política. Con excepción del estado de perfección espiritual que es la "budeidad", la contaminación de las motivaciones y acciones que produce el egoísmo moral y filosófico es inevitable. Ignorar esta evaluación racional sobre nuestro estado actual, e imaginar que personas como nosotros –porque no podemos olvidar que los políticos y los ideólogos son personas como nosotros– puedan ingeniar los mecanismos para alcanzar la felicidad reorganizando simplemente el mundo exterior, es de hecho, una fantasía. Quizás, al encargarles el mundo a ellos, de una manera peculiar, les estamos pidiendo demasiado.

El meollo del asunto es el siguiente: desde el punto de vista budista, el nirvana en sí es la verdadera liberación del sufrimiento, ya que consiste en la extinción de los fuegos de la ignorancia y de las emociones perturbadoras que son las principales causas del sufrimiento. Estas causas de infelicidad no han aparecido al azar en esta vida sino que, como hemos visto en el Capítulo 2, han aparecido como resultado de nuestra profunda confusión sobre la naturaleza de las cosas, que nos pone en conflicto con el mundo. Por consiguiente, su disolución puede ocurrir sólo a través del encuentro con la vacuidad, o sea la incesante, no creada naturaleza de la realidad, que es simultáneamente nuestra verdadera naturaleza. En el corazón del budismo, entonces, hay un espacio inagotable e ilimitado, que trasciende la historia, el lenguaje, la cultura y la sociedad. ¿Sería redundante entonces agregar que también trasciende la política?

Para el budismo es necesaria una "reforma interior", pero, como se ejemplifica con la vida misma de Buda, es una reforma que florece hacia el exterior, y se manifiesta en el compromiso con los demás. Al citar el ejemplo de Buda, no debemos concluir que para trabajar en beneficio de los demás debemos esperar hasta alcanzar la iluminación. Trabajar para los demás es, de hecho, una parte fundamental del camino hacia la iluminación.

En síntesis, el desarrollo de la sabiduría y de la compasión es el corazón del proceso de desarrollo espiritual. Entre estos dos elementos existe una relación de reciprocidad, porque cada uno contribuye al crecimiento del otro. Sin embargo, no ayudaría en nada interpretar esta necesidad de trabajar para los demás para desarrollar sabiduría y compasión, como algo que requiere la participación política tal como la entendemos hoy; es decir, como lo han hecho budistas modernos que se apresuran a aceptar opiniones progresistas que apoyan o participan en movimientos ideológicos masivos que, a su vez, buscan moldear o controlar a la sociedad.

Dadas las circunstancias, entonces, ¿cómo podemos empezar a relacionarnos con el mundo?

En una palabra, la respuesta es: "cuidadosamente".

Debería de ser obvio para nosotros que, como princi-
piantes, nuestras emociones rebeldes y las huellas de
nuestras elecciones y acciones pasadas ejercen una fuerte influencia sobre nosotros, por lo que necesitamos que
nuestro comportamiento sea considerado y modesto. La
necesidad de estas cualidades, en efecto, es una de las
principales preocupaciones de la enseñanza sobre la ética de Buda y los grandes maestros de nuestra tradición.
Tenemos que reconocer entonces que mucho de lo que
se nos enseña sobre la ética en el budismo, es consisten-
te con la intuición y los preceptos morales transmitidos
de generación en generación de la cultura humana, tanto dentro como fuera del budismo.

En contraste con este reconocimiento del valor de
la sabiduría transmitida, en la cultura moderna se ha
difundido insistentemente la convicción –originada,
quizás, de una unión "poliamorosa" de Marx, Freud
y Rousseau– de que tenemos que liberarnos del peso
de la tradición y de la enseñanza religiosa y actuar es-
pontáneamente a fin de ser "fieles a nosotros mismos".
Lamentablemente, desde la perspectiva budista esto
no tiene sentido. Como ya hemos visto, la idea de que
podamos discernir una entidad única y autónoma a la
cual hay que "serle fiel" es completamente equivocada.
Afirmar, como hizo Buda, que existimos gracias a la interdependencia de varios factores, es afirmar que existimos en un marco de obligaciones y responsabilidades
recíprocas y, análogamente, en continuidad histórica
con quienes nos precedieron. Si queremos cultivar la
sabiduría y la compasión, si verdaderamente queremos
alcanzar la liberación, y si queremos lograr hacer el bien

a los demás, debemos empezar por este sentimiento de interconexión: un principio expresado en el precepto ético fundamental de no dañar a los demás (y, además, de no dañarnos a nosotros mismos, porque las acciones que nos perjudican a nosotros mismos reducen la capacidad de beneficiar a los demás).

Hay cierta modestia en la forma en que el entrenamiento moral budista comienza a partir de lo local y lo particular. Por ejemplo, las instrucciones tradicionales para el desarrollo meditativo del altruismo normalmente comienzan con pensar en la familia, en el amor de los padres hacia los hijos y en el amor de los hijos hacia los padres. Luego, esto se extiende hacia el exterior, incluyendo a los más distantes en el ámbito de los afectos, o sea ampliando la propia familia, por así decirlo, hasta que se vuelva verdaderamente universal. Aun aquí nos encontramos lejos de los movimientos masivos o de los ideólogos, que, desafortunadamente, a menudo aman a la humanidad de manera abstracta, pero rechazan a los seres humanos individuales. Volveremos a hablar de este tema en uno de los próximos capítulos.

El "personalismo" del enfoque budista sobre el trabajo para los demás contrasta con la conducta del ideólogo. En el budismo se requiere que uno participe personalmente en el acto de dar a los demás, entre otras cosas; mientras que, para los partidarios de la ideología, el espíritu de generosidad es a menudo caracterizado por la exigencia de que sea otro individuo el que lleve el peso del costo del dar que ellos promueven, quizás a través del gobierno o de otra agencia de redistribución de la riqueza de otros. Ésta es una forma gratuita de dar personalmente.

Aunque la ética budista exige una interacción verdaderamente altruista con el mundo, sin rastro alguno de aferramiento a uno mismo, como ya hemos subrayado, es precisamente a esta persona, a este ser o a estos seres a quienes tenemos que responder. De hecho, este altruismo nunca es programático, sino que se centra siempre en la persona; como dice este maravillo verso de Dylan:

Así, cuando veas a tu vecino llevando algo, ayúdale con su carga.[22]

¿Qué hay entonces de la participación política?

Como señalamos antes, a lo largo de su vida, Buda aconsejó a muchos gobernantes, y también podemos citar los ejemplos de Sakya Pandita y su sobrino Chogyal Phakpa en el Tíbet del siglo XIII. Ambos maestros de la escuela Sakya fueron preceptores de gobernantes mongoles. Sakya Pandita fue capaz de mitigar la ferocidad del príncipe Godan, convenciéndolo de abstenerse de llevar a cabo la ejecución masiva de sus súbditos chinos.[23] Algunos años más tarde, Chogyal Phakpa logró impedir que Kublai Khan impusiera la conformidad religiosa en su imperio, aunque esto hubiera favorecido a la tradición de Chogyal Phakpa.[24]

Muy pocos de nosotros estaremos en una posición tan respetable e influyente; por lo que, quizás, de vez en cuando, deberíamos reflexionar sobre la enorme carga que han asumido las personas moralmente correctas en el poder. En estos casos, ellas merecen todo nuestro agradecimiento. Sin embargo, a menudo puede parecernos que lo máximo que podemos esperar de los arreglos políticos es que nos provean y preserven el espacio para la enseñanza y la práctica budista. Hay momentos en que nosotros los budistas consideramos que lo único que podemos hacer es rezarle al Bodhisattva femenino Tara, tradicionalmente encargado de prestar ayuda a los afligidos, para que nos proteja de los castigos que los políticos infligen tan frecuentemente a sus súbditos indefensos.

En todo caso, debe quedar claro que las enseñanzas de Buda no trafican fantasías utópicas, ni de otros tipos. No privilegian a alguna persona por encima de otra, ya que no se basan en la idea de "uno contra otro" o "nosotros contra los otros". Tampoco disocian el presente del pasado o del futuro, porque reconocen que los tres aspectos del tiempo están entrelazados en la continuidad de la vida. Las enseñanzas proclaman que todos los seres deben ser apreciados a lo largo de sus vidas, de la misma forma en que cada individuo ama su propia vida.

Asimismo, debido a que todos los seres aspiran a la felicidad y a la libertad del sufrimiento tan intensamente como nosotros, deberíamos de esforzarnos por ayudarlos a crecer en virtud ahora; sólo eso podrá crear las condiciones para una felicidad futura. También deberíamos desear que tengan los medios para entrenarse en los temas profundos del camino espiritual y que, al hacerlo, alcancen la liberación del ciclo de nacimiento y muerte.

Si tenemos que participar en el mundo de la política, entonces, tenemos que hacerlo de una forma que resuene con estos preceptos de la ética budista– una ética que procede de una visión del mundo profundamente indiferente al clamor de la idcología contemporánea.

Por lo tanto, tal vez tendríamos que olvidarnos de las fórmulas resbaladizas de Hombres de Paz y Políticas de Paz tan valoradas en la cultura moderna. Sin duda, no habrá ninguna paz hasta que perdonemos a aquellos que nos infligen íntimamente dolor, y dejemos de fingir que el perdón se logra mediante gestos y acciones políticas. No puede haber paz hasta que erradiquemos el rencor que sentimos hacia los más exitosos y dejemos de fingir que nuestra ira es compasión. No puede haber paz hasta que derrotemos a los enemigos en nuestro corazón y dejemos de buscarlos en el mundo externo. En otras palabras, es el corazón humano el que tiene que cambiar de una manera fundamental, y hasta ahora ninguna organización o corriente política lo ha logrado. Para que esto ocurra, necesitamos algunas de las enseñanzas que parecen haber sido abandonadas hace tiempo: "ofrece tu victoria a los demás y asume la derrota para ti".

Capítulo 5
Soberbia

Érase una vez una rana que había pasado toda su vida en un pozo, cuando un día otra rana apareció en el borde del pozo. Comienzan a hablar y la rana extraña le dice que venía de un lugar llamado "Océano".

"Nunca antes he oído hablar de él. ¿Será como una cuarta parte del tamaño de mi pozo?", preguntó la rana vieja.

"¡No, más grande!" contestó la otra.

"Está bien, entonces... ¿como la mitad de mi pozo?"

¡Mucho más grande!", contestó la rana extraña riendo.

"¿Entonces son del mismo tamaño?"

"¡No, aún más grande!", dijo la rana extranjera.

¡Está bien, pero eso tengo que verlo yo misma!", anunció la rana vieja y, emocionada, salió del pozo y emprendió el camino hacia el océano.

El camino fue duro, pero cuando finalmente llegó y se dio cuenta de la vastedad del océano, la rana sufrió tal impresión que le estalló la cabeza.

Últimamente he estado pensando que este cuento tan popular que contaba Patrul Rinpoche, un gran maestro de la tradición Nyingma del siglo XIX, podría aplicarse a muchos de nosotros, particularmente en nuestro encuentro con el budismo. Igual que la rana, padecemos de forma aguda la enfermedad de la soberbia, ya que confiamos demasiado en las opiniones que llevamos a ese encuentro y no nos damos cuenta de la vastedad de la enseñanza de Buda, ni de cómo ésta es radicalmente diferente a nuestras ideas preconcebidas. En otras palabras, somos la rana que todavía no ha salido del pozo.

Este orgullo es normalmente caracterizado como una de las "seis manchas" que hay que evitar cuando recibimos enseñanzas.[25] Desafortunadamente, como ha subrayado el mismo Patrul Rinpoche, es muy difícil reconocerlo por lo que es. No obstante, si no logramos disolverlo, en el mejor escenario nos será inútil recibir enseñanzas espirituales y, en el peor, venenoso.

El orgullo produce esencialmente una mente cerrada. Lo que necesitamos para contrarrestarlo es un sentido de humildad que nos permita abrirnos a las enseñanzas. La analogía tradicional que se usa para ilustrar esta actitud positiva es la de un recipiente puesto boca arriba para que se pueda llenar de agua. Pero no tenemos que confundir esta receptividad con la credulidad o la apresurada e irritable búsqueda de certeza cuando las enseñanzas sean complejas. Se trata más bien de una disposición a recibir las palabras y el significado de la enseñanza, y después perseverar con la reflexión crítica hasta digerirla y que ésta sea parte de nuestro pensamiento.

Lamentablemente, hoy son muchos los que creen saber todo lo que hay que saber de budismo. Esta presunción tiene muchas causas, pero la principal es la convicción de que el budismo y nuestras ideas preexistentes son idénticos; una convicción especialmente dañina, ya que bloquea cualquier encuentro genuino con el Dharma. Quizás sea posible representar esta creencia con el siguiente silogismo defectuoso:

Mis opiniones son compasivas. El budismo es compasivo. Entonces el budismo y mis opiniones deben ser idénticos.

Por otra parte, también podemos estar demostrando una falta similar de conciencia de uno mismo cuando afirmamos que nuestra versión de budismo está libre de dogmas. Permítanme parafrasear con lo que verdaderamente queremos decir cuando hablamos de esto:

El budismo debería de estar libre de dogmas (que no me gustan). No obstante, el budismo tiene que ajustarse a las opiniones contemporáneas (porque no son dogmas y a mí me gustan).

De hecho, si queremos emprender con Buda el camino hacia el descubrimiento de la verdadera naturaleza de la realidad, es necesario que dejemos de lado la totalidad de nuestras ideas preconcebidas, ya sean religiosas, políticas o culturales.

Sé esto por experiencia propia. A principios de los años setenta, cuando conocí a mis principales maestros, acababa de alejarme de la "contracultura" y asumí que, con la excepción de las drogas, los maestros tibetanos compartían en su totalidad los valores de aquel mundo. Me sorprendió descubrir que, sin exponer ninguna ideología rencorosa, mis dos lamas aprobaban la monarquía, cosa que yo había despreciado por considerarla una fantasía. A partir de ese y otros descubrimientos sobre cuánto en realidad el budismo difería de todo lo que había asumido, empecé a comprender que lo más importante no era si un budista debía apoyar o no a la monarquía, sino que tiene que hacer a un lado sus opiniones para poder "escuchar" sin prejuicios lo que la enseñanza dice en realidad.

Podríamos dar muchos ejemplos relevantes de nuestro hábito arrogante de asumir, sin evidencia, que dos mil quinientos años de enseñanzas budistas son idénticas a las opiniones modernas o que pueden serlo, como en los casos observados en los dos capítulos anteriores que hablan de la confusión de la ciencia y la política. Es más, podemos ver su efecto en la preocupación de aquellos que descubren con consternación la visión del budismo tradicional sobre temas éticos que tienen que ver, por ejemplo, con la vida y la muerte, como el aborto que, al ser la deliberada privación de la vida, se considera una gravísima falta moral.[26] Con frecuencia, el resultado de todo eso es un esfuerzo decidido para eliminar la enseñanza ofensiva, tal vez en nombre de una "compasión superior", o para reformularla con el fin de que ajuste bien a las ideas en boga de la semana. Sin embargo, al final, la personificación de las verdades atemporales descubiertas por Buda –su enseñanza– debe ser prioritaria, por encima de las opiniones desechables de aquellos que veneran sólo lo efímero, se llame "izquierda" o "derecha", "progresista" o "conservador" o cualquier otra cosa.

Quizás nuestro menosprecio hacia la verdadera enseñanza de Buda ha llevado a los budistas asiáticos a considerar a los budistas occidentales como poco serios. En particular, esto puede tentar a los maestros más cultos pero cínicos a evitar tocar temas que puedan retar o producir incomodidad a sus discípulos putativos. Algunos de estos maestros hasta podrían llegar a modificar esas enseñanzas por miedo a que sus patrocinadores dejen de apoyarlos. Naturalmente, evasivas de este tipo contribuyen muy poco a la supervivencia del budismo. Después de todo, nos obligan a preguntarnos cuál sería la utilidad de practicar un Dharma que no debilite nuestras presunciones.

Lo que agrava estos problemas es que, si bien el budismo a veces ha sido una cultura minoritaria en un océano de no budismo, su situación actual, en la que la religión en sí es apenas tolerada, no tiene precedentes. De ahí el impresionante contraste que existe entre el budismo en sus variadas formas asiáticas y el que se ha desarrollado en este nuevo panorama occidental. Consideremos, por ejemplo, la posición actual del budismo tibetano en el típico y pequeño centro de Dharma occidental, frecuentado por un número relativamente pequeño de personas; en contraste con su anterior posición e influencia dominantes en la sociedad y cultura del Tíbet, con los enormes monasterios. La brecha entre uno y otro no podría ser mayor. Por ello, parecería que hoy la enseñanza de Buda se encuentra en una posición de desventaja en su capacidad de influir en nuestra sociedad y cultura.

Quizás esa sea la razón por la que escucho con frecuencia el argumento de que el budismo debe cambiar para que se adapte a los tiempos modernos, eliminando, por ejemplo, la vida monástica, y formulando una nueva versión laica de la religión. Pero no estoy muy seguro a qué tipo de budismo se refieren, porque un budismo completamente desprovisto del monasticismo carecería de uno de sus pilares fundamentales. En realidad, toda la discusión sobre el cambio versus el estancamiento es equivocada. La sabiduría acumulada de la tradición de Buda se ha transmitido siempre en vida –de una persona a otra–, y por eso es un error considerarla un simple cuerpo de conocimiento estático. Cada conexión en la cadena de la tradición tiene que re-presentar las enseñanzas a la luz de su propio entorno cultural y social. Se puede observar este trabajo en proceso en la historia temprana del budismo en el Tíbet. En aquel entonces, los primeros estudiosos y practicantes tibetanos trabajaron con sus mentores indios para establecer las líneas de la enseñanza budista india en su nuevo entorno, muy retirado del sofisticado medio intelectual y artístico de la India medieval. De ellas nacieron las cuatro escuelas más influyentes del budismo tibetano –Nyingma, Sakya, Kagyu y Geluk–, cada una con su repertorio de enseñanzas sobre la ordenación monástica, el voto del bodhisattva y las iniciaciones, transmisiones e instrucciones del "Vehículo vajra".

No obstante, aceptar la necesidad de una re-presentación creativa de la tradición para responder a los retos de las nuevas culturas no significa creer que podamos y tengamos que mejorar los principios fundamentales de la enseñanza budista. Creo que esta presunción predomina en los círculos budistas occidentales contemporáneos, y es resultado de la aún no reconocida influencia de la idea del progreso que hemos discutido en los capítulos anteriores. El poder de este mito está en acción cada vez que la gente habla de cosas como "qué puede hacer el mundo moderno para el budismo" o "qué debe añadirse a (o eliminarse de) las enseñanzas de Buda para que sean aceptables hoy".

Como se observó anteriormente, la noción progresista de la historia y la consiguiente convicción de que en aspectos importantes somos superiores a las generaciones precedentes están profundamente arraigadas en nuestros hábitos de pensamiento occidental. Por consiguiente, la mayoría de nosotros asumimos con ligereza que somos los humanos más inteligentes sobre la faz de la tierra, aunque la verdad sea bien diferente. En realidad, por cada mejora temporal que logramos hacer en algún área de la vida humana, normalmente podemos encontrar su correspondiente disminución en nuestras capacidades morales, intelectuales y espirituales en otros ámbitos. El balance del siglo XX –un siglo moldeado, por cierto, por aquellos que afirmaban con más vehemencia que la historia estaba llegando a su clímax perfecto, con el estado comunista o el Reich milenario– debe ser uno de los más sangrientos de la historia mundial. Piénsese en la Shoah o en los millones de personas que murieron a manos de Stalin o Mao.

El budismo sostiene ideas contrarias al optimismo incondicional del progreso, tales como que la historia es esencialmente cíclica, como nos sugiere la naturaleza misma. Por eso, sociedades y civilizaciones ascienden y caen, y cualquier progreso que ocurra es sólo temporal. Como afirma Vasubandhu en el *Tesoro del Abhidharma:*

Los palacios de la impermanencia surgen y decaen junto con sus habitantes.[27]

Por supuesto, en toda sociedad existen ciertas ideas y formas sociales que poseen tal fuerza que les permite ejercer una influencia significativa por un tiempo, pero eventualmente, su energía se agota y su influencia desaparece. También podemos reconocer que algunos de los patrones culturales de una civilización pueden ser superiores a otros –por ejemplo, el énfasis cristiano en la caridad es definitivamente más benigno que la inclinación de los aztecas por el sacrificio humano–, pero, con el paso del tiempo, no importa cuán positiva o grandiosa sea una civilización, todas las ideologías se marchitan y mueren.

El punto es que si dejamos de lado nuestra soberbia y escuchamos con atención lo que el budismo tiene que enseñarnos, entonces, nos daremos cuenta de que el progreso no es inevitable. El único cambio duradero es el cambio producido mediante el esfuerzo individual por poner en práctica las enseñanzas de Buda y que, al hacerlo, finalmente nos llevará a alcanzar el estado de un buda, completamente despierto a la naturaleza de la realidad y dotado de las cualidades de sabiduría y compasión que fluyen al terminar el sueño de la ignorancia.

A la luz de esto, no tiene ningún sentido hablar y actuar como si nosotros los modernos pudiéramos mejorar lo que expuso Buda con respecto a la sensibilidad moral, la experiencia contemplativa o la visión filosófica, entre muchas otras cosas.

Podemos comprender este punto mejor si contemplamos el acto de "tomar Refugio", o sea la ceremonia que tradicionalmente nos define como budistas. Durante la ceremonia declaramos que, a partir de ese momento, en todos los esfuerzos espirituales que llevemos a cabo, nos apoyaremos en Buda, en su enseñanza y en la comunidad de practicantes de la enseñanza de Buda. Para decirlo de una forma más sencilla, tomamos refugio en Buda porque, como se establece en el ritual mismo, "él es el mejor entre todos los seres humanos" porque ha descubierto la verdadera naturaleza de la realidad. Esa naturaleza, la vacuidad que caracteriza a todos fenómenos, no se altera: no disminuye ni mejora. Por consiguiente, la sabiduría que puede aprehenderla tampoco puede ser mejorada. Si eso fuera posible, Buda no sería el Iluminado, ni podría ser un objeto válido en el que pudiéramos apoyarnos.

Como Sakya Pandita advirtió a sus seguidores tibetanos en el siglo XIII, cuando cuestiones similares sobre la adaptación eran objeto de intensos debates:

Hay que cumplir correctamente
con los principios fundamentales de la enseñanza pura
y en consonancia con los sutras y los tantras,
ya que por mucho que sus ruedas sean finas,
un carruaje nunca puede moverse si el eje está roto,
y los otros sentidos no pueden funcionar

si la facultad de vida ha cesado.
Entonces, no importa qué tan buenas sean las otras ins-
trucciones,
ellas carecerán de poder si los principios fundamentales
de la enseñanza están echados a perder.[28]

Cuando hablamos de (las muy pertinentes) adaptación
y flexibilidad, debemos evitar confundirlas con la noción de mejorar la enseñanza de Buda. Ninguno de los
productos intelectuales de nuestra civilización –ya sean
ideologías políticas o las hipótesis científicas sobre procesos materiales (útiles en la práctica, pero en permanente revisión)– poseen las características y cualidades
que pudieran mejorar el corazón de las enseñanzas de
Buda.

¿Qué es lo que debemos hacer, entonces, con nuestra
soberbia? Patrul Rinpoche lo expresa de esta forma:

Vean a las enseñanzas como una medicina,
Véanse a sí mismos como el enfermo,
al maestro como el médico experto;
y a la práctica diligente como la cura.[29]

En cuanto al maestro, existen suficientes maestros genuinos. Si emprendemos el camino y encontramos a
uno, las cosas se podrán poner interesantes para la rana
en el pozo. Sin embargo, tendrá que ser prudente.

Capítulo 6
Decepción

Parece que hay mucha gente que tiene grandes expectativas sobre el budismo; al mismo tiempo que hay muchas otras que están decepcionadas de él. Desafortunadamente, muy a menudo esta decepción se convierte en resentimiento y, mientras que la decepción puede ser el primer paso hacia la sabiduría, el resentimiento sólo produce resultados desastrosos.

Es una gran tragedia que, para muchos hoy, la conexión con el budismo presente todos los síntomas de un camino que ha pasado del crédulo entusiasmo al resentimiento. Quizás en algunos casos esto se deba a que han abrazado una especie de fantasma –una versión del budismo que sería irreconocible para nuestros predecesores budistas, por no mencionar a los pueblos asiáticos que aún representan el grueso de los practicantes budistas. Esta versión desafortunadamente no puede beneficiarlos de ninguna manera profunda. Sólo hace falta echarle un vistazo, como lo hemos hecho en capítulos anteriores, a las preocupaciones y conjeturas de los fervientes "budistas" de Occidente para darnos cuenta de que estamos hablando de dos mundos bien diferentes, y para preguntarnos cuál sería ese "budismo" que muchos occidentales han abrazado.

De hecho, la respuesta es clara: han abrazado un budismo basado principalmente en sus propias proyecciones; aunque en algunos casos con el hábil estímulo del tipo de maestros asiáticos u occidentales hoy en día activos en el mercado espiritual. Se trata de un budismo despojado del contenido inaceptable para los habitantes sofisticados de Londres, Santa Mónica o Manhattan. Es un "budismo" en el que la seriedad moral del budismo tradicional, basada en el respeto a los demás, ha sido amputada. En su lugar, se le ha dado licencia de autonomía absoluta al Yo, para quien la elección individual es el único árbitro entre el bien y el mal. En resumen, en vez de abandonar el egocentrismo (y los demás dioses poderosos de nuestra era) y recurrir al budismo, hemos hallado, o al menos eso pensamos, una religión que puede acomodarse a nosotros.

En otras palabras, la naturaleza aparentemente no amenazadora del budismo es la que atrae a los que ven al consuelo cristiano como algo pasado de moda y restrictivo. Las personas sofisticadas, adineradas y bien relacionadas se entusiasman al ser invitados de honor en las fiestas budistas de hoy, porque imaginan que el budismo no les exige nada. No obstante, no veo mucho espacio para acoger a hombres y mujeres ordinarios y modestos, con las manos sucias y luchando sus propias batallas.

Este budismo estéril, que resulta atractivo sólo porque no es el cristianismo, no puede hacer nada para liberarnos del sufrimiento propio del nacimiento, la vejez, la
enfermedad y la muerte, ya que deja intacta la maquina-
ria entera del exacerbado atesoramiento y aferramiento
a uno mismo, y de las resultantes emociones perturbadoras –siendo todas éstas la raíz de la desilusión que
muchos experimentan con frecuencia. Un budismo así
de diluido no puede ofrecer apoyo ni claridad cuando
surgen dificultades, como ha de suceder inevitablemente, y entonces los que están decepcionados vuelven al
cristianismo o, lo que es más desastroso, abrazan un ci-
nismo total.

Otra versión de esta decepción es la que experimentan aquellos que se colapsan con el resentimiento y des-
enmascaran a sus propios guías como impostores. En el
mundo budista moderno, a veces es difícil que los neófitos logren distinguir entre los maestros auténticos y los
estafadores y charlatanes; ya que estos se presentan con
nombres similares, de vez en cuando vienen de los mismos lugares y hoy en día, incluso tienen títulos. La única diferencia, que tendría que ser evidente (y que triste-
mente puede no serlo, debido a nuestra inexperiencia
y en general a lo novedoso del budismo en Occidente),
es que estos farsantes, con sus palabras y acciones, han
roto desde hace tiempo las cadenas de la fidelidad al budismo auténtico. Quizás esa sea la razón por la que nos
gustan tanto, porque son flexibles; y quizás, en cierto
modo, nos recuerdan a nosotros mismos.

En muchos casos, hemos abrazado un sistema falso,

que es budista sólo de nombre y, por si fuera poco, con frecuencia nos hemos encomendado a maestros que lo son también sólo de nombre. No es de extrañar entonces, que nos sintamos decepcionados cuando descubrimos que el budismo está lejos de ser lo que habíamos imaginado. Cuánto nos dolerá la verdad cuando descubramos las formas en que nos hemos dejado engañar.

Sin embargo, el resentimiento hacia este paquete fraudulento que nos vendieron, o hacia la proliferación de impostores, es equivocado. Primero que nada, porque nosotros les dimos el poder, a través de una mezcla de credulidad y falta de curiosidad para conocer a profundidad el budismo. En segundo lugar, porque con demasiada frecuencia nuestra motivación ha sido frívola y nos ha llevado a preferir lo que está de moda y lo famoso sobre lo auténtico, pero poco llamativo. En todo caso, la verdad es que los impostores siempre han caminado con los zapatos de lo auténtico; como fue el caso de Devadatta[30] quien persiguió a Buda, o de los numerosos ejemplos de farsantes y falsificaciones en el Tíbet, profesadas por algunos muy alejados de maestros genuinos como Sakya Pandita y Patrul Rinpoche, en los siglos XIII y XIX, respectivamente.

Como dice Sakya Pandita:

El maestro también debería ser reconocido como tal
Si actúa conforme a los sutras y los tantras.
Sin embargo, maestro o no, sé indiferente a él
si no enseña de acuerdo con las enseñanzas de Buda.[31]

En la época en que Sakya Pandita ponía en evidencia las

farsas existentes, había suficientes practicantes serios del budismo que seguían sus consejos y que no tomaban en serio el éxito pasajero de ciertos maestros de budismo falso, lo cual aseguró la continuidad de la enseñanza. En este contexto, la decepción de lo inauténtico no se envenenaba con el resentimiento, precisamente porque esos practicantes tenían el deseo de comprometerse con la enseñanza verdadera. Hoy, no estoy tan seguro de que haya suficientes personas que quieran un budismo puro, no diluido.

En el budismo, santos y pecadores existen hoy como han existido siempre el uno al lado del otro. Nuestro objetivo debería ser aprender la enseñanza de aquellos maestros que encarnan las viejas cualidades del budismo y cuyas acciones e instrucciones son un reflejo de las mismas. De esa forma, aprenderemos a discernir sabiamente, como lo hacen los adultos, para no caer en la trampa de los vendedores de remedios venenosos. Sin embargo, esto será posible sólo cuando nuestra motivación esté bien fundada.

Desafortunadamente, todavía no hemos entendido que las cosas siempre han sido así y –hasta que todos los seres sintientes alcancen la iluminación– seguirán siendo así siempre. Por lo tanto, a veces empezamos con una "devoción" ingenua y exagerada hacia un maestro, a quien imaginamos flotando en algún lugar más allá de las agotadoras responsabilidades interpersonales (excepto la relación con nosotros, evidentemente, porque no nos importa cómo trate a los demás). Esta credulidad e ignorancia sobre el verdadero papel de los maestros, lleva a algunos seguidores a la cama de ciertos "maestros" sin escrúpulos, y a otros a enlistarse en los ejércitos de maestros creadores de imperios que los utilizan para hacerles pelear sus batallas y debilitar a sus enemigos. Afortunadamente para estos maestros, no hay nadie más fanático que sus seguidores fáciles de impresionar para controlar el territorio objeto de disputa con anatemas, exclusiones y prohibiciones, armas típicas de la política budista contemporánea. Sin duda, todo esto es mucho más fácil que la práctica del Dharma, que desafía constantemente la comodidad de nuestra mente auto-centrada.

Inevitablemente, al final, este teatro se colapsará. Para algunos, esto ocurre una vez que se hayan dado cuenta de que el budismo auténtico es totalmente diferente de lo que habían imaginado y dan un paso atrás asqueados por las diferencias que tiene éste con las opiniones contemporáneas. Otros descubrirán que, en los momentos de dificultad, las falsedades que se han tragado no les ofrecerán ningún tipo de apoyo o asistencia. Otros harán el devastador descubrimiento que se han dejado manipular y, en el momento de la decepción, donde antes había devoción fanática aparecerá un resentimiento igual de fanático. La herida del amor propio y de la vanidad será aún más profunda. Los que antes eran maestros deificados –padres, madres, amantes y mejores amigos– en este momento serán condenados como vampiros al mando de una conspiración de demonios manipuladores. No podemos sino sentir una gran tristeza por aquellos atrapados en esta situación, sea por su credulidad o simplemente por su juventud e inocencia.

Sin embargo, es hora de madurar; y para ello debemos deshacernos de estas fantasías –en suma, que nos decepcionemos completamente– porque no existe otra manera de evitar los extremos de la credulidad y del resentimiento. Nos hemos construido un samsara "budista", quizás con la ayuda de personas a quienes debimos haber examinado con más atención. Después de todo, como dice Patrul Rinpoche, cuando seguimos a un maestro falso terminamos saltando del precipicio de la mano de la persona en la que depositamos nuestra confianza, hasta llegar a nuestra mutua destrucción.

Por tanto, para evitar el infortunio de establecer vínculos equivocados con el budismo, es urgente que los practicantes aspirantes sean instruidos en cómo cultivar la motivación adecuada para el estudio y la práctica del Dharma. Sólo esto les dará firmeza en su determinación y claridad con respecto a las metas genuinas de la práctica espiritual. La importancia de cultivar esta motivación se expresa sucintamente en el ciclo de enseñanzas conocido como "Abandonando los cuatro apegos", impartidas por el gran maestro Sakya Kunga Nyingpo en el siglo XII. Como dice allí:

Si estás apegado a esta vida,
no eres un practicante de Dharma.
Si estás apegado a la existencia cíclica,
no tienes renuncia.[32]

Si queremos beneficiarnos con la práctica de la enseñanza de Buda, no podemos evadir el cuestionar nuestra motivación, ya que podemos comprar los textos correctos (que contengan las enseñanzas de Buda), frecuentar los centros indicados (donde las personas practiquen de manera sincera), e incluso hacer retiros (que parezcan estar de acuerdo con las enseñanzas tradicionales) pero sin ponerla verdaderamente en práctica.

Como dijo Buda:

Todo reside en la intención.[33]

Lo que impide que nuestra "actuación" como budistas sea auténtica es que nuestra motivación para practicar esté contaminada por las llamadas "ocho preocupaciones mundanas"; es decir, los objetivos efímeros que nos impiden tener cualquier atisbo de la libertad trascendental, la meta de la práctica budista. En este sentido, los también llamados "ocho dharmas mundanos", son exactamente lo contrario del Dharma de Buda e incluyen cuatro pares de fuerzas motoras o estímulos: la determinación de buscar el placer y rehuir del dolor, de buscar ganancia material y evitar la pérdida, de buscar la fama y no la humillación, y de recibir elogios y evitar las críticas.

En la vida diaria estos hábitos empujan a nuestras mentes, siempre inconformes. No debe sorprendernos, por tanto, que cuando nos acercamos al budismo por primera vez las ocho preocupaciones mundanas se transformen de un deseo de objetos burdos, como la adquisición de propiedades, a gratificaciones mundanas más sutiles alcanzables con el budismo, como la adquisición de estatus como un practicante espiritual.

Por esta razón, otro gran maestro Sakya, Drakpa Gyaltsen, ha declarado:

Cuando uno está apegado a esta vida,
incluso su disciplina ética está contaminada por las
ocho preocupaciones mundanas.[34]

Y añadió:

El meditador que practica para alcanzar algún beneficio
  en esta vida
permanece ocupado, aunque viva en soledad meditativa.[35]

En otras palabras, para esta persona las preocupaciones mundanas dominan hasta los momentos de retiro, o sea, esos momentos en los que se deja temporalmente la vida mundana para entrar en el aislamiento meditativo, dedicado exclusivamente a la práctica espiritual de acuerdo con las instrucciones contemplativas específicas del maestro. En este contexto, entender las enseñanzas de Buda como meros métodos para mejorar nuestro estatus dentro del ciclo del sufrimiento no es suficiente para alcanzar la liberación que ellas invocan.

El remedio para las ocho preocupaciones mundanas, como se nos enseña en "Abandonando los cuatro apegos", es la contemplación de los cuatro temas: (1) la preciada vida humana, (2) la impermanencia y la muerte, (3) la acción (la causa y su resultado que, como vimos anteriormente en el tercer capítulo, también se llama "karma") y (4) los defectos de la existencia cíclica. Sin la trasformación de nuestros valores, producida por estas cuatro contemplaciones, la participación en la práctica espiritual sólo servirá para consolidar nuestro egocentrismo. El remedio para evitar el sometimiento de nues-

tra práctica a fines mundanos es el desarrollo de una decepción profunda y radical del ilusorio mundo en el que
vivimos cotidianamente.

La primera contemplación nos insta a no malgastar
la preciosa oportunidad que nos ha tocado vivir. En este
momento, en el que estamos suspendidos entre la vida
y la muerte, poseemos la libertad y la capacidad de reflexionar (característica de la vida humana), y también
la suerte de haber encontrado el budismo. Poseemos entonces una indispensable base sobre la cual trabajar para
poder desarrollar nuestro potencial para convertirnos
en un buda: un potencial inherente a la misma naturaleza de nuestra mente, pero que nosotros como humanos
que hemos encontrado el camino budista, tenemos la
oportunidad única de realizar.

El estímulo generado por la atención a este precioso
momento de nuestra existencia humana tiene que ser
atemperado y al mismo tiempo fortalecido con el reconocimiento de la transitoriedad de todas las cosas, la
segunda contemplación. Eso no significa que tengamos
que aceptar de manera superficial la impermanencia del
mundo externo, tan familiar en la sociedad consumista
en la que vivimos donde todo es desechable; más bien se
trata de reconocer sinceramente que no hay nada con-
dicionado, incluida nuestra propia existencia presente,
que escape de la muerte. Saber esto de corazón mediante la contemplación profunda significa despertar a las
posibilidades inherentes a esta vida, en este preciso momento, y no perderse en la búsqueda de lo efímero de las
ocho preocupaciones mundanas.

En esta etapa inicial al emprender el camino budista,

podríamos confundirlo con un medio de mejoramiento temporal, ya sea para desarrollar un estado de conciencia más refinado o para obtener un tipo de renacimiento más elevado dentro de la existencia cíclica. Para superar la posibilidad de diluir el budismo y sus metas, durante nuestra contemplación tenemos que analizar todos los estados posibles en los que podríamos nacer. Revisando desde el más alto (el reino de los dioses), hasta el más bajo (el infierno), y todos los intermedios, podemos constatar que el ciclo repetitivo de vida y muerte es sufrimiento. Lo que determina las diferentes formas de sufrimiento que experimentamos son nuestras elecciones y sus resultantes acciones. Las últimas dos contemplaciones que dirigen la mente hacia la enseñanza de Buda se enfocan en el sufrimiento que caracteriza toda nuestra experiencia (la cuarta contemplación) y las causas de dicha experiencia, o sea nuestras acciones (la tercera contemplación).

Mientras las intenciones detrás de nuestra práctica del Dharma sigan siendo ingenuas y poco serias, tendremos que conformarnos con la experiencia de más sufrimiento. Por el contrario, mediante la atención a estos cuatro temas de contemplación (también conocidos como "los cuatro pensamientos"), llegaremos a comprender que subestimamos el budismo cuando lo practicamos con una mente que no ha logrado permearse de los valores de Buda y, por consiguiente, tendríamos que conformarnos con mucho menos que la liberación. Además, una persona que ha tomado en serio estas cuatro contemplaciones –y como resultado se ha desilusionado profundamente– difícilmente caerá en las trampas y en los engaños de las enseñanzas falsas que ofrecen maestros falsos. Simplemente, esta persona no se dejará impresionar, ni perderá el tiempo con sus artimañas.

El efecto profundamente decepcionante de estas contemplaciones es que nos da una claridad aguda sobre la cultura moderna y sobre nuestra propia capacidad de autoengaño. Hasta ahora, hemos intentado encontrar seguridad y satisfacción en lo que el mundo moderno nos ofrece, pero pareciera en realidad, que todo en la cultura moderna está roto. Dondequiera que miremos, nos damos cuenta de que ya no hay nada en lo que podamos apoyarnos. En la relación entre países sólo hay tratados rotos; en las relaciones entre personas sólo hay votos rotos. Los políticos no cumplen su palabra, y los predicadores rompen la regla de oro. En los asuntos del corazón, el beso sagrado, que supuestamente duraría para toda la eternidad, es olvidado a la mañana siguiente, y en el campo de la religión los hombres sabios en los que confiábamos quieren secuestrarte el alma para pedir rescate.

En realidad, el problema no es tanto lo que está roto afuera, sino lo que está roto adentro. Estamos destrozados y no podemos confiar en que seremos verdaderos con nada, ni con nadie. No tenemos estabilidad en nuestra mente, ni tampoco somos consistentes en nuestras metas. Más bien, somos tan volubles que nos parecemos a un mono que salta de árbol en árbol, agarrando una cosa primero y después otra, en una búsqueda incesante de novedad.

Hoy en día, lo que empeora las cosas aún más es que existen muchas cosas que excitan al mono; todo está puesto sobre la mesa y se la pasa de distracción en distracción. Cada vez que las cosas se ponen un poco difíciles o son un poco aburridas, cambia el canal, compra un traje nuevo, un juguete nuevo, una cara nueva y una mente nueva. Cuando las cosas se ponen feas, el mono se pone en marcha: sí, para irse.

La única manera de darle la vuelta a esto es descubriendo la fuerza que nos da el compromiso, un compromiso que nace de interiorizar las cuatro contemplaciones. Sólo la voluntad de vivir más que por el momento y más allá de uno mismo, puede liberarnos de la prisión de la auto-indulgencia y de la debilidad. En el budismo, esta voluntad se expresa con los diferentes votos y compromisos que forman la base del camino espiritual. Esa es la razón por la cual cuando tomamos los votos para la "liberación individual", independientemente de que seamos practicantes laicos o monásticos, nos comprometemos a abstenernos de dañar a otros por el resto de nuestra vida. En el caso del voto del bodhisattva, el compromiso dura hasta que hayamos alcanzado la budeidad para el bien de todos los seres y, si hemos recibido los votos tántricos a través de las iniciaciones del Vehículo vajra, nos comprometemos a mantener una visión pura en todos los aspectos de nuestra experiencia. Sin estos compromisos que van más allá del presente inmediato, no importa qué meditación realicemos en cualquiera de los vehículos budistas, ésta no tendrá ninguna fuerza que la sostenga, y los obstáculos internos y externos nos desviarán del camino.

Sin duda, debemos evitar ser imprudentes al hacer estos compromisos y, una vez hechos, debemos luchar para honrarlos lo más posible, especialmente cuando la magia parezca desaparecer y surjan las dificultades, como siempre ocurre. Sólo aquellos que pueden confiar en sí mismos para ser sinceros cuando esto ocurra, son dignos de la confianza de los demás. Por eso me parece que los viejos héroes son los verdaderos héroes –personas fuertes y fieles a su palabra, en las que se puede confiar en cualquier situación: el Jinete Pálido que, acabado su trabajo, cabalga hacia el horizonte, y el hombre sentado en silencio debajo del árbol en Bodhgaya, disolviendo el demonio del ego.

Cuando examinamos con total honestidad y sin reparos nuestras intenciones reales, o incluso nuestras acciones pasadas, como las cuatro contemplaciones lo requieren, es posible que nos desanimemos con lo que vemos. Hace tiempo, escuché a alguien decir que podemos hundirnos tanto y manifestar tantos defectos, que ni siquiera nuestros padres nos reconocerían, pero que siempre existe la posibilidad de darles la vuelta, renovarnos a nosotros mismos e ir de nuevo por el buen camino. Aun así, cuando nos hallamos en el abismo del invierno de la desesperación es fácil olvidarlo, ya que las noches de las emociones perturbadoras se hacen cada vez más largas y los días cada vez más sombríos, hasta llegar a la obscuridad profunda de la media noche donde todo se siente marchito y disminuido, y nada parece poder volver a la vida.

Una vez fuimos jóvenes y estuvimos llenos de las promesas del verano. Desafortunadamente, tomamos demasiados atajos y caminos equivocados, y ahora no estamos seguros de cómo hemos llegado hasta aquí o de qué estábamos huyendo. A veces todo se ve tan obscuro que ya no sabemos el significado de la palabra "esperanza". Cuando miramos hacia atrás, podemos ver que teníamos buenas intenciones y que, por alguna razón, nada salió como queríamos. Prometimos ayudar a mucha gente, pero sólo acabamos ayudándonos a nosotros mismos. Juramos varias veces ser honestos, pero sólo éramos fieles a nuestras ambiciones. Érase una vez votamos por la utopía, pero sólo ayudamos a construir el infierno. Érase una vez nos llamábamos sabios, pero sólo repetíamos las opiniones de tontos. Hemos desperdiciado tanto tiempo, ¿y ahora ... qué va a pasar? El lento tren del futuro está llegando a la plataforma y acelerando. En cualquier momento va a doblar en la esquina para su último viaje. El verano de la iluminación es un sueño lejano, y el frío invierno promete ser duro.

Sin embargo, sólo cuando gracias a las cuatro contemplaciones logramos admitir cuánta obscuridad ha habido, lo bajo que hemos caído y cuánto hemos vagabundeado, nos damos cuenta de que un nuevo comienzo es posible. Dicho de otra manera, en lugar de la desilusión superficial de los que han abandonado el budismo porque éste no satisfacía sus ridículas expectativas, necesitamos la profunda decepción que hace posible la práctica auténtica del Dharma. Hasta que eso ocurra, estaremos condenados a repetir los mismos viejos errores y el egoísmo del pasado.

Cómo aprender la enseñanza budista auténtica que nos aleja de estos errores será el tema del próximo capítulo.

Capítulo 7
Aprender el arte

Hoy en día parece que la gente llega a la enseñanza de Buda de muchas formas y lugares diferentes. Entre las personas que llegan que no son frívolas, algunas son atraídas al budismo cuando una experiencia abrumadora les destroza su mundo y parecen no tener otra opción. Otras llegan más suavemente después de haberse desilusionado de la superficialidad de la cultura contemporánea y al acercarse al budismo, logran darle sentido y propósito a su vida.

Otras llegan después de haber sido lastimadas de alguna manera por el amor, el odio o, simplemente, por la danza amarga de la soledad. En el budismo, ellas descubren un remedio para sus males. Luego están aquellas personas que buscan en el budismo las respuestas que no pudieron encontrar en la religión, la filosofía o la política. Para ellas, la enseñanza de Buda habla de manera convincente sobre misterios por resolver y verdades por revelar.

Para que el budismo cumpla todas estas promesas es importante saber cómo aprenderlo. Esta afirmación podría parecer innecesaria, pero estoy convencido de que, si no sabemos cómo acercarnos a la enseñanza, no estaremos preparados para la tarea de descubrir lo que tiene que ofrecer. Con frecuencia, nuestra cabeza está llena de información innecesaria y no hay espacio para nada más. Como vimos anteriormente en la discusión de la soberbia, es improbable que una mente arrogante y así de cerrada pueda aprender algo del Dharma de Buda.

En lugar de imaginar que ya sabemos todo lo que hay que saber, debemos estar dispuestos a aprender. Asimismo, debemos reconocer que el proceso de aprendizaje lleva toda la vida, y que en éste, la triada de "escuchar, reflexionar, meditar" es fundamental. Por eso, conviene examinar cuidadosamente el significado de este acercamiento gradual de tres partes.

Como dijo en el siglo IV el sabio Vasubandhu:

Sobre la base de la disciplina moral,
practiquen la escucha, la reflexión y la meditación.[36]

El uso del término "escucha" significa que la enseñanza se recibe siempre directamente de los demás, nuestros maestros; gracias a ellos, nos unimos a la cadena de transmisión que se remonta a aquel jardín en Varanasi donde Buda instruyó a sus primeros discípulos. Descuidar esta cadena ininterrumpida de escucha y recepción de enseñanzas, y privilegiar en su lugar la información sobre "budismo" de libros y del internet –ese receptáculo de los escombros de la civilización– probablemente no sea de mucha ayuda. Debe ser evidente que si adoptamos e esste método de "consumo" del Dharma es probable que seleccionemos sólo aquellos fragmentos que nos parecen empáticos e inofensivos para nuestras opiniones arraigadas y nuestras huellas emocionales y cognitivas más sutiles. Esta es sin duda una de las razones principales por las que hoy existen en el mercado tantas versiones distorsionadas del budismo.

De hecho, es precisamente esta transmisión personal de la enseñanza del maestro al estudiante la que ha formado la subestructura esencial en la que descansa la continuidad del budismo. Por lo que es necesario escuchar a los maestros instruidos, capaces de compartir con nosotros la enseñanza de Buda adecuadamente. El maestro, en este sentido, no sólo domina las enseñanzas desde la perspectiva intelectual, sino que las ha convertido en una experiencia de vida y, entonces, puede comunicarnos la verdadera fuerza del Dharma de Buda. Aunque esto se aplica a todos los niveles de la práctica budista, ocurre de forma más marcada en el Vehículo vajra, en el que la práctica no dará ningún fruto si no se reciben personalmente la iniciación y las bendiciones de los maestros que forman parte de esta línea de transmisión ininterrumpida del poder espiritual.

Sin embargo, como hemos mencionado en el capítulo anterior, debemos poner mucha atención en la elección de nuestros maestros, porque siempre habrá quienes intenten vendernos una versión de su propia invención haciéndola pasar como genuina.

Sakya Pandita describió acertadamente este comportamiento:

Tras haber mostrado la cola de un ciervo,
la persona sin escrúpulos vende carne de burro.[37]

Debido a que los que inventan su propio budismo solamente pueden apoyarse en sus propias opiniones, nosotros debemos apoyarnos en aquellos maestros arraigados a una tradición. Pueden ser maestros de las tradiciones Sakya, Kagyu, Geluk o Nyingma, o bien de la tradición Theravada o de alguna de las tradiciones de Asia del Este. Lo importante es que estas tradiciones posean una sensatez fundamental, resultado de la fuerza espiritual que ha guiado la vida de hombres y mujeres de generación en generación. El arraigo a la experiencia acumulada y al conocimiento probado contrasta drásticamente con las prescripciones sin sustancia de los maestros autoproclamados.

Cabe preguntarse si el llamado "nuevo budismo", que enseñan tantos maestros que han adoptado este nuevo estilo, posee algún aspecto verdaderamente innovador u osadamente revolucionario. Éste se puede apreciar como la comercialización del mismo viejo conjunto de opiniones seculares convencionales disfrazado de budismo por aquellos que están, ya sea en desacuerdo con los principios fundamentales de la enseñanza budista, o bien, por aquellos que sienten la necesidad de integrarlos a versiones marchitas de un existencialismo recalentado, o de una psicoterapia al estilo de Oprah Winfrey que venden aquellos que no son ni remotamente tan inteligentes como lo fueron Freud o Jung.

Un budismo tan insustancial sirve de poco. En vez de llegar a parecernos más a la esencia de las enseñanzas de Buda, este "budismo" se hace cada vez más parecido a nosotros. En ese sentido, parece todavía no quedarnos claro que los muchos intentos de hacer al budismo más accesible han terminado sólo por despojarlo de su poder. Hacer el budismo más fácil significa disolverlo e inevitablemente eso significa que el medicamento queda diluido. ¿Somos tan inteligentes que necesitamos menos enseñanzas y menos práctica?

En lugar de modificar las enseñanzas de Buda de esta forma, deberíamos de fijarnos en la enseñanza pura, no diluida, y dejar que ella nos hable, permitiendo así una verdadera conexión entre nuestra inteligencia y el budismo en su forma auténtica e inalterada. Este proceso forma parte de la segunda etapa, la de la "reflexión".

Durante esta etapa, la fuerza de las enseñanzas, las cuales algunas veces están claras y otras veces obscuras, sembrará una semilla en nuestra mente, de la que gradualmente podremos cosechar la sabiduría de la reflexión. Esto requiere disciplina y valentía –valentía para excavar profundo hasta dejar al descubierto nuestra confusión, que puede expresarse en preguntas y dudas sobre el Dharma. No puede haber progreso en esta fase si evitamos recurrir a la evasión de la fe ciega; ya que ésta no ha llevado nunca a la sabiduría. Podremos tener certeza sobre la verdad del budismo sólo mediante la experiencia directa y el razonamiento inferencial.

Con respecto a este punto, algunas personas, sobre todo aquellas que desconfían de la religión debido a los cambios culturales que discutimos en el segundo capítulo, podrían preguntarse si este énfasis en la certeza no hace al budismo más una filosofía que una religión. Esta pregunta en realidad es inoportuna, debido a que el gran divorcio entre religión y filosofía que ocurrió en Occidente en el siglo XVII nunca ocurrió en Asia; todo el pensamiento, del teísmo al materialismo, al budismo no-teísta, son mejor entendidos como "visiones" sobre la naturaleza de la realidad.

Después de resolver las dudas y vacilaciones que tengamos mediante una reflexión inteligente y sostenida sobre las enseñanzas que hemos escuchado, llegamos a la meditación, donde esta reflexión se convierte en experiencia real; es decir, en la parte final del camino triple hacia la sabiduría.

Aquí, "meditar" significa cultivar la experiencia directa de acuerdo con las enseñanzas que hemos escuchado y analizado en las dos fases anteriores. Este conocimiento es entonces determinante, porque es adquirido de manera directa y personal. En última instancia, la verdad revelada durante la meditación es una sabiduría "auto-conocible", mediante la cual la mente reconoce que su propia naturaleza es una vacuidad que va más allá de todo dualismo y de la intermediación de conceptos o del lenguaje (como veremos en detalle en el próximo capítulo). En resumen, la verdad última alcanzada a través de la meditación no es la imagen genérica o mental de la realidad que uno puede acceder mediante la escucha y la reflexión, sino la realización definitiva y no dual de lo que llamamos "sabiduría primordial". Sin embargo, la realización de esta sabiduría no sería posible sin el uso del lenguaje y del pensamiento analítico en las fases precedentes de "escucha" y "reflexión". El hecho de que las dos fases precedentes sean imprescindibles hace que aquellos que prescinden de ellas e intentan apoyarse sólo en la meditación sigan atrapados en las mentiras de la mente ignorante.

Como explica el estudioso Nyingma del siglo XIX, Mipham Rinpoche:

Si no conoces la naturaleza de los fenómenos,
por mucho que medites
sigues meditando sobre conceptos ordinarios.[38]

Como ya hemos subrayado, para emprender este proceso de "escuchar, reflexionar y meditar" debemos contar con maestros debidamente calificados. Tal maestro es transparente, en el sentido de que a través de él podemos ver las enseñanzas de Buda. Los maestros sirven para ayudarnos en la escucha, la reflexión y la meditación exactamente como un maestro artesano calificado forma a sus aprendices para que puedan lograr la maestría de su propio arte. Entonces, una manera de distinguir entre el maestro auténtico y el estafador –sea asiático u occidental– es que este último sólo se concentra en llevar la atención a sí mismo y no a Buda y su enseñanza; mientras que el maestro auténtico está impregnado de la generosidad de la enseñanza budista verdadera.

A lo largo de nuestra jornada espiritual, el mismo maestro puede desempeñar papeles diferentes en función de la enseñanza impartida o de nuestro nivel de comprensión. Por lo tanto, es importante tener claras las diferencias que existen de acuerdo a los papeles y las funciones que realizan los maestros.

Al inicio, podemos ver y relacionarnos con nuestro maestro simplemente como alguien que lleva mucho más tiempo que nosotros en el camino, por lo que puede darnos muy buenos consejos e instrucciones sobre las enseñanzas fundamentales como los "cuatro pensamientos que dirigen la mente hacia el Dharma" de los que ya hemos hablado. Más tarde, el mismo u otro maestro nos puede instruir sobre los sistemas filosóficos del "Gran vehículo", por ejemplo, sobre los postulados del Camino Medio, o incluso conferirnos iniciaciones del sistema esotérico del Vehículo vajra. En cualquier caso, la respuesta apropiada de nuestra parte, como discípulos, siempre tiene que ser una de respeto y agradecimiento por lo que el maestro ha compartido con nosotros.[39]

Como ya señalamos, podría parecer que existe una distancia enorme entre nosotros y los días en que las tradiciones del budismo ejercieron un poder absoluto sobre la cultura de gran parte de Asia y contribuyeron a moldear culturas que, en muchos sentidos, reflejaban su influencia civilizatoria, antes de que los efectos corrosivos del deterioro interior y de la interferencia externa las destruyeran. No obstante, aunque las circunstancias externas cambien, la forma en que se desarrolla la realización de la naturaleza de la mente es esencialmente la misma, ya que la mente no conoce el tiempo. Por tanto, todavía hoy, hay grandes maestros disponibles para quienes desean involucrarse con la práctica y el pensamiento budista a través del método triple de escucha, reflexión y meditación.

Capítulo 8
Meditación

Como acabamos de ver, para el budismo, la meditación
es el instrumento fundamental mediante el cual se puede acceder a la verdadera naturaleza de la realidad; no
obstante, parece que para muchos ha adquirido una
importancia diferente. Recientemente, una de las tendencias más persistentes en el mundo de la *Cía. Espiritualidad* es el culto a la meditación, ya que encaja per-
fectamente con las crecientes multitudes "espirituales,
pero no religiosas" que buscan portar las credenciales
de la espiritualidad de moda, pero sin el bagaje más in-
cómodo de la religión. Su popularidad tiene, por tanto,
importantes implicaciones para el budismo. Muchos
ven de manera positiva que cada vez más personas estén
acercándose a la meditación, porque creen que con ello
aparecen nuevas oportunidades para nuestra tradición;
no obstante, la situación es mucho más compleja. Es po-

sible que el ascenso de la meditación dificulte el desarrollo del budismo –suministrando indebidamente, por ejemplo, remedios ineficaces sin poder ni valor. Uno de los riesgos es que algunas personas, erróneamente convencidas de que se están encontrando con la enseñanza de Buda, al rechazar estos remedios falsos, rechacen también el budismo en su totalidad. Un segundo riesgo es que algunos puedan considerar la meditación (que en la tradición budista es el medio para ver la realidad tal cual es) como un instrumento para reforzar su "yo" o su ego, objetivo para el cual el budismo es especialmente inadecuado.

Se pueden identificar dos vertientes dominantes de meditación asociadas al budismo que hoy gozan de gran visibilidad. Por un lado, está la meditación del discernimiento profundo secularizada que surgió del budismo theravada, que practicaban hombres y mujeres occidentales en los años setenta, y que alcanzó su apoteosis con el boom de "*McMindfulness*". Este movimiento minimiza e incluso a veces niega cualquier conexión con el budismo; y en algunos círculos existe la tendencia a rechazar al budismo por completo.

Por otro lado, en un plano cultural y espiritual diferente, encontramos un tipo de práctica meditativa que, aunque se identifica con el budismo, afirma que los aspirantes espirituales de la tradición, pueden alcanzar la iluminación únicamente mediante las técnicas más sencillas de meditación sentada diseñadas sólo para calmar la mente. Ésta sostiene que los budistas contemporáneos pueden prescindir del estudio, de la práctica de los preceptos éticos, de la práctica ritual (diferente de la meditación), o de llevar a cabo acciones meritorias; es decir, acciones que aumentan nuestra capacidad para conectarnos con la enseñanza. Los defensores de esta tendencia reclaman a menudo para sí, el manto de los sistemas tradicionales, ya sea del discernimiento profundo de theravada, del zen japonés o de la Gran Perfección tibetana. Todos comparten la convicción de que el contenido de la meditación debe ser lo menos conceptual posible, y de que otras formas de actividad durante la meditación pueden ser descartadas en su mayoría, sino es que completamente.

Esto contradice las más fidedignas presentaciones de la enseñanza budista de todos los periodos históricos, las cuales desaprueban categóricamente esas visiones independientes de la meditación. De hecho, el estatus de la meditación más citada y claramente delineada dentro de la doctrina y la práctica budista la considera como uno de los tres "entrenamientos" indispensables para alcanzar la iluminación, junto con la ética y la sabiduría. Como escribió Nagarjuna en su *Carta a un amigo*:

Entrena constantemente en la disciplina moral suprema,
En la sabiduría suprema y en la concentración suprema.
En estos tres entrenamientos
Están incluidos verdaderamente más de ciento cincuenta preceptos.[40]

Sin el desarrollo de la disciplina moral que surge del estudio de la ética, a la que Nagarjuna se refiere como "el fundamento de toda virtud"[41], la meditación será espiritualmente infructuosa.

En particular, si examinamos el lugar que ocupa la meditación en el Vehículo vajra (las enseñanzas esotéricas derivadas de los tantras, que veremos brevemente en el Capítulo 9), nos daremos cuenta nuevamente de que la meditación no se considera un medio de realización espiritual autosuficiente. Dentro de esta tradición, la meditación es el segundo elemento de la triada de entrenamiento que incluye visión, meditación y acción. *Visión* se refiere a la enseñanza de la perspectiva correcta de la realidad que el maestro transmite a sus discípulos; mientras que meditación es el subsiguiente desarrollo y estabilización de los atisbos que uno logra tener mediante la práctica de la primera fase. Es entonces sólo a través de la visión y la *meditación*, junto con su puesta en práctica y prueba en *acción*, que nos resultará posible acercarnos a la realización espiritual.

Como afirma el jerarca Kagyu Karmapa Rangjung Dorje:

> *La certeza de esta visión nace al eliminar todas las dudas que tengamos sobre su base.*
> *El punto esencial de la meditación es cultivarla sin distracciones.*
> *La actividad suprema es el dominio de esta meditación.*[42]

Con respecto a la exigencia de una forma de meditación completamente no-conceptual, el clamor de re-imaginar simples sesiones de meditación sentada como la esencia o la totalidad de la práctica misma, estimula buena parte de los esfuerzos por remodelar el budismo. Si bien las simples técnicas de meditación sentada para calmar la mente pueden producir ciertos efectos mentales positivos, debemos preguntarnos no obstante, cuál sería el propósito de hacerlo. Si practicamos la meditación disociada de cualquier imperativo ético y guiada por suposiciones básicas no examinadas, ésta se convierte simplemente en una tecnología mental interna. Dicho de otra forma, esta supuesta meditación no-conceptual sería, en el mejor de los casos, una actividad neutral: distante de la enseñanza de Buda, y no llevaría al desarrollo de la compasión y la sabiduría que él enseñó.

Como explica Mipham Rinpoche:

La mayoría de las meditaciones para asentar la mente sin análisis
sólo pueden producir calma mental.
Sin embargo, de ello no nacerá ninguna certeza.

Si la certeza,
El único ojo del camino a la liberación,
es abandonada,
los velos [de las emociones perturbadoras y de la ignorancia] no se podrán disipar.[43]

La meditación auténtica incluye necesariamente dos fases: la calma mental y el discernimiento profundo. Algunos defensores modernos del discernimiento profundo afirman que se puede prescindir de la calma mental; sin embargo, el intento de practicar el discernimiento profundo, sin cierto grado de quietud mental que se logra sólo con la práctica de la calma mental, lleva solamente a enredos conceptuales.

Como dijo Shantideva:

Sabiendo que las emociones perturbadoras
Son dominadas por el discernimiento profundo
dotado de calma mental,
primero debo practicar la calma mental.[44]

La calma mental es una forma de concentración estable y unipuntual de la mente, y no es un estado mental adormecido o que tenga a la mente en blanco. Durante esta meditación uno descansa en la experiencia del momento presente, sin distraerse con pensamientos sobre el pasado o el futuro, ni aferrarse ansiosamente a lo que esté ocurriendo en ese momento. Es un estado estable, abierto y claro, en el que los pensamientos no se suprimen, ni se cultivan.

Sólo cuando esta quietud es parte de nuestra meditación, es posible trabajar con las instrucciones del discernimiento profundo. Al principio, debemos investigar la naturaleza de los objetos que aparecen en nuestra mente, visuales o de cualquier otro tipo. Cuanto más cuestionemos estos objetos, más entenderemos que su aparición depende de la mente misma y no son entidades separadas de nosotros; es decir, el abismo que creemos que existe entre los objetos y la conciencia que los percibe es imaginario.

Asimismo, cuando nos enfocamos en la mente misma –el supuesto sujeto que percibe– tampoco podemos encontrar nada sólido. De la misma forma en que no podemos encontrar fenómenos externos supuestamente existentes, tampoco es posible ubicar a la mente. Por el contrario, las nociones de "interno" y "externo", "sujeto" y "objeto", "materia" y "mente", "yo" y "otro" son sólo interpretaciones conceptuales que solemos hacer y proyectamos, una tras otra, sobre el flujo de la experiencia consciente. Por lo tanto, todos los fenómenos no son otra cosa que la mente misma.

Incluso este flujo de experiencia tampoco posee substancialidad; de hecho, no podemos imputarle ninguno de los atributos (de forma, color, ubicación o duración) que marcarían su existencia como una entidad verdadera que se pueda asir y aprehender. Esta falta de cualquier signo de substancialidad (de lo que normalmente se concibe como "real") no relega la mente a un estatus de mera no-entidad, porque ella es la fuente de todas las cosas que aparecen.

La conceptualización dual, que constituye la verdadera causa de nuestra ignorancia sobre la realidad, se agota con la realización de que la verdadera naturaleza de la mente trasciende todos los conceptos y definiciones, incluidos sobre todo los que le atribuyen a la mente un estatus como entidad o no entidad. Esta realización equivale a la confirmación experiencial del Camino Medio de Nagarjuna.

El desconocimiento de estos puntos esenciales de la calma mental y del discernimiento profundo a menudo lleva a los neófitos a sobreestimar sus experiencias de meditación, a veces con resultados catastróficos. Las experiencias de no-conceptualización, gran dicha o claridad, todas comunes pero pasajeras, llevan a ciertos individuos a creer que han alcanzado la iluminación. Sin embargo, a diferencia de su imaginación excitante, las fases de refinamiento ético y contemplativo que culminan en la iluminación auténtica son extremadamente sutiles y muy profundas, y por tanto, relativamente excepcionales (a pesar de que todos tenemos el potencial de lograrlo, y sin negar el hecho de que hay muchos practicantes que manifiestan ya algunas de las cualidades que se obtienen con una práctica seria del camino budista).

Los más afortunados entre estos entusiastas descubren posteriormente que se han engañado a sí mismos. Los menos afortunados, aunque quizás más ambiciosos, simplemente proceden a redefinir la verdadera naturaleza de la iluminación para preservar su estatus; para ellos, "iluminación", entonces, se convierte simplemente en un término para indicar una experiencia de meditación pasajera. Esto le sirve a los meditadores "iluminados" para evitarse la incomodidad de verse aún sometidos a las emociones perturbadoras y a la ignorancia. La verdadera naturaleza de la iluminación completa, profunda, radical e irreversible, aunque es, sin duda, alcanzable, está mucho más allá de estas concepciones limitadas y restrictivas. La mera ocurrencia de estos desafortunados intentos de redefinir el significado de la "iluminación" subraya la importancia de desarrollar una comprensión correcta de la iluminación (separada de los prejuicios preexistentes) como parte del camino.

Este tipo de meditación fluctuante, y completamente desconectada de su debido lugar dentro del camino budista, convierte a sus defensores en presas fáciles de objetivos políticos o económicos; ya que absorbe fácilmente los valores de los elementos más desagradables de nuestra cultura, ya sea la crueldad hacia la vida de los indeseables, jóvenes o viejos, disfrazada de "liberación";

o bien, la indiferencia patricia hacia los que se quedaron atrás a causa de la post-industrialización. En otras palabras, muchos meditadores, pensando que están practicando la esencia del budismo, siguen ignorando completamente los valores ideológicos que podrían estar detrás de una meditación descontextualizada o disociada de otros elementos esenciales del entrenamiento budista.

En nuestra sociedad, el individualismo despiadado encarna esos valores que son compatibles, a su vez, tanto con el mercado, como con el Estado. En Occidente, para compensar esos defectos, este estilo de meditación se esconde detrás de una mezcla de autoindulgencia y gestos políticos disfrazados de compasión –una "compasión", hay que decirlo, que no ve más allá del interés personal. El resultado es la adopción de la misma postura frívola que domina a una buena parte de la cultura contemporánea.

Si continúan las tendencias actuales, la meditación se convertirá en una mera aplicación inteligente (*app*) para vivir sin estrés, satisfaciendo aquellos estilos de vida dañinos y consumistas que caracterizan, en gran medida, la vida en los países ricos. En este escenario, en lugar de ser una fuerza que nos libere de las fantasías y del egocentrismo, la meditación es precisamente, un agente para revitalizar y consolidar ese engaño.

En todo caso, es absurdo negar que separar la meditación de la ética y la sabiduría puede tener consecuencias desafortunadas. Dado que muchos de nosotros hemos recibido una educación budista muy limitada, el potencial de aplicarlo equivocadamente y de desviarnos del budismo es enorme.

Uno de los principales problemas de la trasmisión continua del budismo es la incapacidad de la gente de reconocer la importancia de entrenarse en la ética budista, especialmente en los cuatro preceptos fundamentales de abstenerse de quitar vida, de robar, de involucrarnos en relaciones sexuales que dañen, y de mentir. Para que el camino budista sea realmente efectivo, el estudio de la ética es indispensable. Desafortunadamente, mucha gente sabe tan poco del budismo que no tiene una visión del mundo capaz de respaldar su entrenamiento.

Una solución posible para este dilema sería, en un principio, enseñar a meditar solamente, para satisfacer lo que hoy parece una exigencia popular, e introducir las dimensiones éticas y filosóficas del Dharma más adelante. Sin embargo, si la meditación no se vincula rápidamente y con gran autoridad con los otros dos adiestramientos –la ética y la sabiduría–, es probable que, más que a un progreso espiritual genuino, esta estrategia lleve a resultados negativos, que permitan tener experiencias meditativas menores, pero que solamente fortalezcan al "ego".

Quizás la mejor respuesta a ese dilema sea enseñar los tres adiestramientos más o menos simultáneamente, conscientes de que su desarrollo secuencial tiene una lógica. El progreso del estudiante en uno de los entrenamientos permitirá el progreso en los otros. Como el reordenamiento de nuestra vida, producido por el entrenamiento moral, crea el ambiente adecuado para la meditación, de la misma forma, la quietud de la mente generada por la meditación hará posible la examinación de la realidad, que es el sello distintivo de la sabiduría.

En el próximo capítulo, veremos cómo el desarrollo de la sabiduría tiene que darse paralelamente al de la compasión.

Capítulo 9
Compasión sabia

No importa a donde vaya: de Londres a Los Ángeles, parece que nuestra era es la era de la compasión; la oigo nombrar dondequiera que vaya. Los políticos la venden, los publicistas la empaquetan, los gurús la predican y las estrellas de cine la lucen. Quizás nosotros los budistas deberíamos de alegrarnos de que la compasión esté de moda. Después de todo, como dice el Bodhisattva Avalokiteshvara:

Quienquiera que desee alcanzar el estado de un buda no necesita practicar muchas enseñanzas, necesita entrenar en una sola: la gran compasión.[45]

Me pregunto, no obstante, si no nos estamos engañando y si, en realidad, esta no es otra cosa que la era del sentimentalismo. Quizás hemos confundido la compasión genuina, que es el deseo de que todos los seres estén libres del sufrimiento y de sus causas, con su desagradable hermanastro, el sentimentalismo. Mientras que la compasión mira hacia afuera, a los demás, el sentimentalismo sólo se preocupa por uno mismo y sus propios sentimientos, una fuerza seductora en una cultura en la que todo el tiempo queremos sentirnos bien con nosotros mismos. Por consiguiente, el sentimentalismo presta poca atención al verdadero bienestar de aquellos a quienes pretende cuidar. Es como el padre insensato que, para sentirse bien con él mismo, cumple todos los caprichos del hijo, con resultados prediciblemente desastrosos.

El sentimentalismo anhela reconocimiento, un reconocimiento que hoy no cuesta nada, siempre y cuando se apoye a la causa, a la asociación o al partido preferido del momento. De hecho, votar por "la compasión" indulta tu propio comportamiento; además de que recibes invitaciones para asistir a las mejores fiestas donde los grandes humanitarios y filántropos hacen su networking.

Desafortunadamente pocos de nosotros en los círculos budistas occidentales estamos libres de esta confusión entre sentimentalismo y compasión. Este hecho es lamentable debido a que es muy importante que nuestra manera de entender la compasión esté bien alineada con las enseñanzas duras y claras de Buda. Como él insistió, si no vivimos una vida ética, la felicidad que pretendemos desear a los demás será inalcanzable. De hecho, los preceptos éticos que Buda explicó en sus enseñanzas sobre el comportamiento moral están en contraposición con la "ética", tal como la entendemos hoy, ya que ésta se refiere a un conjunto de preceptos, a menudo materialistas y egoístas de "eticistas" modernos autoproclamados. Por lo tanto, el juicio sabio y la compasión deben estar casados, y no contraponerse, como ocurre con tanta frecuencia en nuestra cultura sentimental.

Debemos examinar aquí la naturaleza de la compasión, y al hacerlo debemos centrarnos en su relación con la sabiduría, ya que es esencial que nuestra compasión siempre sea una "compasión sabia". De lo contrario, los beneficios serían muy pocos.

Como dijo el gran y realizado maestro Saraha:

*Aquel que medita en la vacuidad sin compasión
no andará por el camino supremo,
y el que medita exclusivamente en la compasión
no será liberado del ciclo del sufrimiento,
pero aquel que une [la vacuidad y la compasión] en su práctica,
alcanzará el estado de Nirvana en el que no permanecemos.* [46]

Como vimos en el Capítulo 2, la sabiduría en su aspecto más profundo, acaba con la errónea suposición de que poseemos una identidad permanente, singular y autónoma; es decir, pone fin a la noción de un "yo". Esta suposición ha fracturado nuestro mundo porque la obsesión con el "yo" inevitablemente produce la noción del "otro". Esta fractura, que es tanto conceptual como emocional, está detrás de todos nuestros hábitos y todas nuestras acciones egoístas –la causa del sufrimiento que hace imposible el desarrollo de la compasión. Sin embargo, despertar del hechizo de la ilusión del Yo siempre es posible porque, en última instancia, no es más que una manera equivocada de interpretar el mundo y nuestra experiencia.

La compasión, a su vez, disuelve la ficción del "yo" mediante la preocupación por los demás. Así entendida, la compasión no es un sentimiento arbitrario, sino una respuesta hacia los otros arraigada en la verdad última de la vacuidad; es decir, que el "yo" y el "otro" son mutuamente dependientes y, por tanto, carecen de existencia inherente. Dicho de otra manera, en el nivel más profundo, la compasión y la sabiduría son dos caras de la misma realidad. A esto se le llama "bodhicitta" (el "pensamiento de la iluminación"), una fuerza que es a la vez el ímpetu que nos lleva a emprender el camino del Gran vehículo que, finalmente, es la mente despierta de un buda.

Por lo tanto, la sabiduría y la compasión son algo "natural", en el sentido de que están arraigadas en la verdadera naturaleza de la realidad, y al reconocerlo se disuelve la fantasía de un "yo" y un "otro" con existencia inherente. Podríamos entonces afirmar que actuar egoístamente es una expresión de una visión errónea del mundo y, por consiguiente, responder a la experiencia de sufrimiento de otra persona implica ya la disminución del poder que tienen estas visiones equivocadas sobre nosotros y del encarcelamiento que nos genera el egoísmo. Dicho de otra manera, cuando la atención hacia los demás enciende la compasión, se debilitan los estrechos muros de nuestro egoísmo habitual. Al mismo tiempo, esta manera más abierta de relacionarnos con el mundo facilita el incremento de la sabiduría, cuyo foco es justamente la falta de un Yo permanente al que nos hemos aferrado equivocadamente. Quizás nos asuste tan sólo el intentar abrirnos con esa franqueza o disolver nuestro egoísmo por miedo a las consecuencias; sin embargo, un comportamiento que privilegia genuinamente las necesidades de los demás sobre las propias demuestra una gran fortaleza; en parte porque el aferramiento al "yo" es la raíz de nuestro sufrimiento, y la consecuencia de privilegiar a los demás sólo puede, paradójicamente, traernos felicidad.

Esta comprensión de la compasión le da una "naturalidad" que la distingue, por ejemplo, de las descripciones de compasión de la tradición cristiana, donde se dice que ésta nace de la convicción de que el hombre debe amor al prójimo por haber sido creado por Dios a su imagen y semejanza. En el budismo, el flujo de la compasión no se origina de un ser superior, sino que es el resultado natural del hecho de que es incorrecto privilegiar nuestra necesidad de felicidad sobre la del prójimo, ya que el engaño del ego que nos empuja a hacerlo es sólo eso, un engaño.

Sin duda, debemos reconocer que, en comparación con los argumentos cristianos y judíos sobre la compasión, que poseen cierta belleza poética, los post-religiosos tienen pocas bases para apelar a la compasión (si es que toman en serio sus propias creencias), debido a que para ellos los seres humanos son sólo máquinas; y aunque ocasionalmente estos individuos actúen con compasión, puede ser resultado (no reconocido) de un residuo de su herencia religiosa.

Al hablar sobre la "naturalidad" de la compasión, también debemos distinguir esta concepción budista de la realidad, de las nociones de compasión y de la naturaleza de la realidad comunes al movimiento de la "Nueva Era", como "todo es uno" o "todos somos uno". Estas visiones no sólo son filosóficamente incoherentes –como lo han notado Shantarakshita[47] y otros maestros–, sino que también hacen imposible el desarrollo de la compasión debido a que rechazan el cambio y desacreditan las verdades sobre la existencia cíclica y el sufrimiento.

El método más poderoso para desarrollar este "corazón sabio" es entrenar en las prácticas contemplativas conocidas como "las meditaciones de los cuatro inconmensurables": bondad amorosa, compasión, alegría y ecuanimidad. Podemos entrenarnos en ellas de manera formal, como una especie de plegaria de aspiración que nos ayuda a remodelar nuestra actitud, recitando las cuatro meditaciones (indicadas a continuación en cursivas y negritas) individualmente o todas juntas, o de manera más informal pero siempre de acuerdo con las instrucciones tradicionales. De estas emociones radicalmente altruistas surge la bodhicitta, el deseo de la iluminación y, una vez que esto ocurre, "las meditaciones de los cuatro inconmensurables" sirven como medios para su fortalecimiento y crecimiento. El término "inconmensurable" aquí significa que, a diferencia de los sentimientos de afecto ordinarios y egoístas, estas emociones sociales virtuosas tienen dimensiones ilimitadas, porque incluyen a todos los seres sin excepción y duran ilimitadamente ya que no disminuyen con el tiempo.

Según Patrul Rinpoche, empezar la secuencia de las meditaciones con la ecuanimidad (y no con el amor, como sugeriría el orden en el que se presentan normalmente) tiene muchas ventajas. Él afirma que si no contamos con la actitud abierta y espaciosa que nace del cultivo de esta imparcialidad, el amor ilimitado y los demás inconmensurables serán más difíciles de alcanzar.

Ecuanimidad

"Que todos los seres moren en la ecuanimidad,
libres del apego a los cercanos y de la aversión a los lejanos."

Desde el principio es fundamental que no confundamos la ecuanimidad con una indiferencia total. Más bien, debemos entenderla como una aceptación que nos permite transformar el veneno de las emociones partisanas y parciales en un afecto hacia los demás que no tiene límites. En resumen, es el medio indispensable que nos permite desarrollar amor y compasión hacia todos los seres, incluyendo a nuestros "enemigos" y a los que nos hacen daño.

El hábito de catalogar a los demás como "amigos" y "enemigos" se origina en la mala interpretación que hacemos del mundo y que está encarnada en nuestros persistentes hábitos de aferramiento al ego y en el consiguiente atesoramiento de uno mismo. Por tanto, como la ecuanimidad disuelve la aparente solidez de las nociones de "amigo" y "enemigo", también reduce este aferramiento al ego. En otras palabras, es una actitud de inclusión que nos permite responder a los demás de una forma menos egoísta y a la defensiva.

Aquí sería útil preguntarnos si la razón de nuestro apego actual hacia algunas personas que están "cerca" y de nuestra aversión hacia las que están "lejos" es que hemos olvidado que la naturaleza de las relaciones es que siempre están en constante cambio. También sería oportuno preguntarnos: "¿Quién es verdaderamente mi "amigo" y quien mi "enemigo"?" y, "¿qué hace de una persona un amigo y de otra un enemigo?"

Al respecto, Nagarjuna dice:

Los padres se vuelven hijos; las madres se vuelven esposas (en el ciclo del renacimiento).
Los enemigos se vuelven amigos,
y también lo contrario (en el ciclo del renacimiento).
Debido a eso,
no hay certeza en el ciclo de nacimiento y muerte.[48]

Además, incluso nuestros padres o hijos podrían ser enemigos o nuestros acreedores de vidas pasadas. Al ser las relaciones tan inestables, sería entonces correcto desarrollar cierta flexibilidad mental en lugar de aferrarnos a las apariencias temporales como si fueran sólidas. Si revisamos esta vida, podemos ver la fluidez con la que cambian las relaciones; así nos resultará más fácil imaginar esa fluidez en el curso de varias vidas.

Por un lado, tampoco es seguro que aquellos que parecen estarnos beneficiando hoy lo estén haciendo realmente, y que los que parecen estar perjudicándonos sean realmente dañinos para nuestro bienestar. Por ejemplo, existen padres aparentemente amorosos que dañan a sus hijos cuando, por miedo a exigirles demasiado, no los ayudan a desarrollar disciplina moral. Así mismo, otros padres son tan ambiciosos con respecto al éxito mundano de sus hijos, que hacen todo lo posible para alejarlos de una búsqueda de desarrollo espiritual, como fue el famoso caso del Rey Shuddhodhana, el padre de Buda.

Por otro lado, los que nos parecen hostiles en realidad podrían ser nuestros benefactores. Por lo menos nos ofrecen la oportunidad de entrenar en la paciencia, una virtud que ocupa un lugar central en el camino espiritual. Como puntualiza Gueshe Langri Thangpa en sus *Ocho versos para el entrenamiento de la mente*:

> *Cuando alguien a quien he beneficiado,*
> *o en quien he depositado todas mis esperanzas*
> *me daña muy injustamente,*
> *que pueda yo verlo como mi verdadero amigo espiritual.*[49]

En las sesiones de meditación sobre la ecuanimidad existen las siguientes tres fases de entrenamiento:

En primer lugar, empezamos estabilizando la mente en un estado relajado libre de la categorización habitual de lo que surge como "bueno" o "malo", "agradable" o "desagradable". Cuando surjan pensamientos de este tipo sobre determinadas personas o grupos de personas, no te apresures a etiquetarlos o clasificarlos. Por el contrario, sin sentir aversión hacia algunos y apego hacia otros, piensa en ellos de manera neutral: como si no fueran ni buenos ni malos, sino simplemente fenómenos que surgen y desaparecen.

En segundo lugar, desarrolla la actitud mental de que

todos estos seres han sido tus padres.

Como dice Nagarjuna:

Si pudiéramos contar a todas nuestras madres con bolitas del tamaño de semillas de enebro,
éstas cubrirían más espacio que la tierra entera.[50]

Desafortunadamente, con el incesante giro de la rueda del nacimiento y de la muerte, nos hemos olvidado unos de otros y, sobretodo, nos hemos olvidado de los actos de generosidad y bondad anteriores que ellos nos han mostrado.

Finalmente, entrena en estos ejercicios contemplativos hasta que sientas hacia todos los seres la misma aceptación y el mismo afecto que sientes hacia tus padres.

En la vida cotidiana, puedes continuar con el entrenamiento dejando ir el instinto de etiquetar inmediatamente y reaccionar ante cualquier cosa que encuentres. Pausar y estar simplemente atentos de los matices y las texturas de cada situación conforme se manifieste, te ayudará a generar el equilibrio y la fuerza sutil que distinguen a la ecuanimidad. No se trata aquí de bloquear o rechazar este instinto, sino de soltarlo tan pronto como surge, en vez de aferrarte a él, como es nuestra tendencia habitual.

Para transmitir las cualidades de la ecuanimidad, Patrul Rinpoche usó el ejemplo de un anfitrión que prepara un gran banquete al que invitará a todo el mundo. Esta analogía nos recuerda una vez más que la medida de la ecuanimidad auténtica es la inclusión afectuosa y no la apatía o la indiferencia.

La ecuanimidad, una vez desarrollada, es una fuerza extremadamente liberadora, pero sería estúpido subestimar la fuerza de nuestros hábitos partisanos. Por eso, aunque esta parcialidad se base en criterios familiares, raciales, de clase, nacionalidad o religión, tenemos que reconocer que es igual de fácil basar nuestro partidismo en factores culturales e ideológicos, donde los prejuicios pueden hacerse pasar por pensamientos racionales y no-emocionales. En resumen, quizás hoy seamos tan partisanos como siempre, pero podemos estar disfrazándolo de formas más sofisticadas para distinguir "nuestro grupo" del "suyo".

Quizás esto explique el cuidadoso escrutinio con el que examinamos a las personas y al lenguaje para someterlos a las ideologías contemporáneas "correctas". Así, podemos identificar más fácilmente a los que están de nuestro lado, y excluimos, inevitablemente, a todos los demás. En ocasiones, hasta cuando etiquetamos y hacemos la distinción entre lo "correcto" y lo "incorrecto", invocamos algunas nociones de la compasión. Esto nos puede llevar a pensar erróneamente que las presentaciones de moda de la "compasión" son idénticas al sentido budista del término.

Al mismo tiempo debemos prestar atención a las versiones distorsionadas de ecuanimidad. Entre ellas, resalta la convicción de que las personas son idénticas, y que las diferencias entre ellas son ilusorias o superficiales. En realidad, una perspectiva sabia reconoce que –aunque es verdad que todos los seres son iguales en el sentido de que poseen una mente, emociones perturbadoras y en que desean encontrar la felicidad y evitar sufrimiento–, sus opiniones, comportamientos y culturas no son necesariamente idénticos; al contrario, hay diferencias significativas entre ellos.

Esta ecuanimidad falsa pretende ser imparcial, pero carece del espacio mental que caracteriza a la imparcialidad. Tampoco es genuinamente inclusiva porque sólo podemos serlo cuando reconocemos las diferencias, pero logramos ir más allá de ellas y extendemos nuestra capacidad de tolerancia hacia quienes tienen actitudes y opiniones diferentes a las nuestras. En contraste, creer que todos somos idénticos no lleva a descubrir la ecuanimidad, sino a una nueva excusa para seguir teniendo una mente estrecha. De hecho, podríamos decir que la ecuanimidad falsa es como el narcisismo autocentrado, porque éste no tiene ningún interés en los demás, ni respeta a nadie. Y no se molesta realmente en reconocerlos a todos. La meditación sobre la ecuanimidad genuina y las restantes tres "meditaciones inconmensurables" nos retan constantemente y, por ello, nos ayudan a mejorar.

Otra distorsión de la ecuanimidad es evidente en la actitud que elige preferir al "lejano" sobre el que está "cerca" cuando, en la ecuanimidad auténtica, los dos se consideran iguales. Esta desviación es a menudo el resultado, no tanto de un verdadero reconocimiento del "lejano" en sí mismo, sino del deseo de atribuirse una superioridad moral frente a la gente ordinaria con sus apegos detestables, vulgares y pequeños hacia su hogar, la familia y así sucesivamente. Podríamos señalar que esta actitud de superioridad sólo es una manifestación del propio ego, que no nos lleva a la ecuanimidad sino a la irreverencia, al menosprecio y a la violencia hacia los que están cerca de nosotros.

Bondad amorosa

"Que todos los seres posean la felicidad y las causas de la felicidad."

Meditar sobre la bondad amorosa es descubrir el antídoto contra el veneno del odio.

Como estableció Gyalse Thokme Zangpo en el siglo XIV:

Si intento destruir a mis enemigos externos, más aparecerán, por lo que debo voltear hacia adentro, y con los ejércitos de la bondad amorosa vencer al odio.[51]

Como discutimos previamente, la bondad amorosa, al igual que las otras tres meditaciones inconmensurables, no tiene limitaciones de objeto y duración. Además, no es un sentimiento efímero que desvanecerá con el cambio de las circunstancias.

Como escribió Shakespeare:

[...] el amor no es amor cuando se altera ante cualquier alteración.[52]

Generar bondad amorosa es estar imbuidos del deseo de que los demás gocen de felicidad en cuerpo y mente, tanto en el presente como en el futuro. Esa es la razón por la que la segunda parte de este bondadoso deseo es la determinación de que "todos posean las causas de la felicidad". Expresar tal deseo conlleva el deseo de que se comporten virtuosamente, porque sólo la virtud lleva a la felicidad auténtica y no, como el mundo lo imagina, las acciones egoístas del odio y del deseo. Las acciones egoístas sólo nos contraponen a la realidad, condenándonos a la decepción y a la miseria. Como en el caso de la ecuanimidad, entonces, este aspecto de la bondad amorosa requiere de una buena dosis de sabiduría –en este caso, sabiduría suficiente para reconocer la manera en que una vida virtuosa es la causa primaria de la felicidad, de acuerdo con la forma en que nuestras acciones producen ciertos resultados.

Nagarjuna define la naturaleza de esta acción moral de la siguiente manera:

> *Las acciones motivadas por el deseo, el odio y la ignorancia,*
> *son acciones no virtuosas.*
> *Las acciones libres de deseo, de odio y de ignorancia,*
> *son acciones virtuosas.*[53]

Si deseamos cultivar la bondad auténtica, estas consideraciones nos obligan a reconocer aquellas ocasiones en las que debemos desear para los demás las cosas que, debido a su momentánea falta de claridad, no desearían para sí mismos. Por ejemplo, un ladrón podría pensar que seguir robando garantizará su felicidad futura, aunque esto contradiga la verdad; es decir, el sufrimiento será la consecuencia final inevitable de la no virtud. Existe entonces una similitud entre este aspecto de la bondad y el acto de dar, donde se nos incita a no hacer "regalos venenosos" que resultarían dañinos para quien los recibe. Nuevamente, no debemos pensar que desarrollar amor hacia todos los seres implica una pasividad impotente en respuesta al daño que se pueda causar a los demás o a uno mismo. Esta actitud sólo afectaría a quien lastima, al participar o coludirse con sus intenciones y acciones negativas. En resumen, de la misma forma en la que para proteger a un niño de las consecuencias peligrosas de su necedad es necesario demostrarle nuestro amor siendo firmes, el amor auténtico a veces debe expresarse con firmeza para impedir el daño, como se establece en el Gran vehículo.

Evidentemente, esto significa que lo que creemos que es la felicidad y sus causas no siempre coincide con las opiniones mundanas actuales. Al desearles felicidad a los demás, les estamos deseando que florezcan moralmente, que no se abandonen a los placeres ilusorios del hedonismo o de una vida basada en el abuso de los demás. Por lo tanto, al igual que con la "compasión", tenemos que reflexionar profundamente sobre lo que entendemos por "felicidad". No se trata de desear para todos los seres placeres efímeros y autoindulgentes, sino las causas de la felicidad genuina que sólo puede ser resultado de su comportamiento virtuoso.

Para meditar en la bondad amorosa, piensa en tu madre actual y trata de recordar toda la bondad que te ha mostrado; al hacerlo reconoce que estás tremendamente endeudado con ella por haber puesto tu bienestar por encima del suyo. En la medida en que tu corazón se expande con este reconocimiento, no podrás sino desear que ella goce de la "felicidad y de sus causas". Después toma la determinación de hacer todo lo que te sea posible para lograr ese resultado feliz y haz plegarias de aspiración para alcanzar este estado.

Esta fuerte sensación de conexión y endeudamiento hacia tu madre revela la naturaleza dependiente del mundo y no se limita a ella; es decir, se extiende a todos los seres, particularmente, si consideramos que el ciclo de nacimiento y muerte no tiene principio y que ha habido, por tanto, suficiente tiempo para que todos los seres hayan actuado como nuestros padres. Aquí tendrías que ampliar entonces el ámbito de tu contemplación hasta incluir a otros miembros de la familia –padre, hermanos, etc.– y reflexionar sobre cómo cada uno de ellos ha sido tu madre en vidas pasadas.

Con esto serás capaz de incluir también a los vecinos en el centro de tu meditación. Desde ahí, teniendo en mente que ellos también han sido nuestros padres innumerables veces, podrás integrar con la misma benevolencia incluso a supuestos enemigos. Al expandir tu capacidad de incluir a otros, tu corazón se abrirá aún más, hasta lograr que el mundo entero de seres se convierta en el objeto de tu meditación.

Patrul Rinpoche describió el desarrollo de la bondad amorosa genuina como el amor de una mamá pájaro que prepara el nido para sus crías amadas. De la misma forma, en nuestra relación con los demás encontramos cierta bondad y entusiasmo. La ira y la irritación se disuelven cuando la felicidad de los demás se convierte en lo más importante de nuestra vida.

Un punto que valdría la pena aclarar aquí es el hecho de que algunas personas hayan introducido en la meditación de la bondad amorosa, un tipo de meditación sobre el amor a uno mismo. A pesar de que esta acción seguro no es malintencionada, esta enseñanza no aparece ni en los sutras, ni en los tratados más confiables. En cualquier caso, si practicamos la bondad amorosa no tenemos que preocuparnos por nuestra propia felicidad, ya que seremos inevitablemente más felices y optimistas en cuanto nos enfoquemos en el amor a los otros; además, nuestra ira y agresividad disminuirán.

Un obstáculo enorme que puede poner en peligro la práctica auténtica de la bondad amorosa es el miedo a que el amor no sea infinito, que tengamos que escoger a algunos para amar y excluir a otros, como si la bondad amorosa fuera una sustancia de la que existe sólo una cantidad establecida y, por ende limitada. No obstante, un amor sujeto a restricciones no es la auténtica bondad amorosa que no excluye a nadie. Como ha establecido Sakya Pandita con humor:

Hasta los vampiros aman a sus hijos. [54]

Asimismo, el amor no es una posesión del "ego"; su naturaleza es ilimitada justamente porque nace en el espacio que está completamente libre de la noción del yo.

Compasión
"Que todos los seres estén libres del sufrimiento y de las causas del sufrimiento."

La meditación sobre la compasión es el remedio contra la indiferencia y el egoísmo. Por ello, el corazón de la práctica es hacer conciencia sobre las dificultades de los demás. Una mente compasiva es producto siempre de la capacidad de preguntarse constantemente: "¿Cómo sería para mí vivir lo que el otro está experimentando?"

Uno podría preguntarse por qué se acostumbra enseñar la meditación sobre la compasión después de la de bondad amorosa. En realidad, la compasión sólo puede nacer en un corazón suficientemente abierto hacia los demás, logrado mediante la meditación del amor. El encuentro con el sufrimiento de los demás requiere que ya tengamos esa capacidad de apertura y positividad hacia el prójimo, la cual se desarrolla gentilmente con el amor; de lo contrario, como ocurre con frecuencia, ese encuentro burdo con el sufrimiento ajeno generará resistencia o, peor aún, una actitud agresiva.

Como dice en *El ornamento de los sutras del Mahayana*:

> *La compasión fluye a través del canal de la bondad amorosa.*[55]

Asimismo, una mente espaciosa lograda a través de la ecuanimidad permite que la compasión abarque a todos los individuos y a todos los grupos. No se trata, entonces, de una compasión selectiva que responde solamente a las demandas más insistentes, o a los individuos o los grupos que nos parecen más agradables, sino que es una compasión ilimitada.

Al igual que en la meditación de la bondad amorosa y su atención a las causas de la felicidad, meditar en la compasión requiere que investiguemos las causas del sufrimiento que han llevado a los demás a situaciones dolorosas y de las que deseamos, por consiguiente, se puedan liberar en el futuro. Al hacerlo, nos damos cuenta de que detrás de estas experiencias de sufrimiento siempre hay acciones no virtuosas motivadas por emociones perturbadoras y basadas en el equivocado aferramiento a la noción del yo. Las causas del sufrimiento, por lo tanto, aparecen así en un corazón trastornado.

En tales circunstancias, es importante que incluyamos en nuestra compasión a aquellos que se están comportando en el presente de manera no virtuosa, y a los que ellos lastiman, ya que están creando la fuente de su futuro sufrimiento.

Las fases de la meditación siguen el orden ya establecido para la meditación de la bondad amorosa; específicamente comienza con lo que se define como la "compasión hacia los seres sintientes".

Empieza pensando en tu madre actual. Después de haber recordado su bondad y tu deuda con ella, debes reflexionar sobre los diferentes tipos de sufrimiento que ella padece. Piensa que a pesar de que ella desea liberarse del sufrimiento, no sabe cómo lograrlo. Desafortunadamente, muchos de sus intentos para liberarse del sufrimiento, y alcanzar la felicidad, sólo le han producido el efecto contrario. Por eso, no puedes sino desear intensamente que tu madre logre liberarse del sufrimiento y de las acciones no virtuosas que le generarán mayor sufrimiento en el futuro. Después, esfuérzate para convertir ese deseo en una firme resolución y concluyela con una plegaria de aspiración para que esto pueda ocurrir.

Ahora extiende este deseo compasivo a otros parientes y, de ahí, a otros seres, tanto amigos como enemigos, hasta que, al final, todo el mundo esté incluido en tu esfera de compasión. En este punto, la familiaridad con las cuatro contemplaciones conocidas como "los cuatro pensamientos que dirigen la mente hacia el Dharma", de los que hablamos en el Capítulo 6, y en particular la contemplación sobre el sufrimiento, le dará una fuerza especial a tu contemplación sobre la compasión. En resumen, esta es la meditación sobre la compasión que se centra en los seres tal como aparecen.

Después, medita sobre la "compasión hacia los fenómenos"; es decir, tu actitud compasiva debe incluir un reconocimiento de los factores no virtuosos, como las emociones perturbadoras, que están detrás del sufrimiento que experimentan los seres.

En tercer lugar, medita en la "compasión sin objeto de referencia". En esta fase más sutil, la compasión se funde con la comprensión de que, en lugar de ser entidades sólidas e independientes, los seres sintientes carecen de naturaleza intrínseca, y que la raíz de su sufrimiento es precisamente esta visión ilusoria.

Una manera de extender esta meditación en nuestra relación con el mundo, es ver cada encuentro con los demás preguntándonos en silencio: "¿Qué puedo hacer por ti?" Además, debes procurar no excluir a ninguna persona ni a ningún ser sintiente. Así, dale igual atención a todos los que encuentres, sin importar su rango o estatus.

En general, este proceso nos debería de dejar una sensación de gratitud hacia los demás; la cual nos permite ver más allá de nosotros mismos y sobrepasar las barreras del orgullo. Cuando nos preguntamos qué es lo que podemos hacer por aquellos que han dado todo por nosotros, reconocemos nuestra dependencia hacia ellos. De este reconocimiento puede crecer una bondad genuina que disolverá la semilla del odio.

Para describir la intensidad de la actitud desarrollada a través de la meditación sobre la compasión, Patrul Rinpoche la ha comparado con la emoción desgarradora que siente una madre sin brazos al ver a su hijo ahogarse.

El desarrollo auténtico de una "compasión ilimitada" abarca a todos los seres con todo y su individualidad única; mientras que el sentimentalismo y otras farsas sólo sirven para parodiarla y subvertirla. Por ejemplo, preferir al grupo sobre el individuo (un ejemplo de las enseñanzas falsas sobre la "compasión") nos ciega al hecho de que no puede haber una preocupación genuina por los demás que no esté arraigada a la intimidad de lo particular, partiendo de que el mundo está constituido por una variedad ilimitada de "particulares". Por esta razón, en la tradición de Buda, se empieza regularmente el entrenamiento meditativo sobre la compasión con un enfoque en el individuo –normalmente, nuestra madre actual–, para después trabajar hacia afuera en círculos de creciente inclusión hasta que logramos integrar a todos a nuestra "familia".

No podemos evitar recordar que a menudo los "apóstoles" de la "compasión" y del "bienestar general" son personas que respetan poco a los individuos que forman parte de su vida. Una vez que estos sentimentalistas llegan al poder con sus programas compasivos, el camino por donde transitan las carretas con prisioneros rumbo a la guillotina permanecerá libre para cualquiera que transgreda los principios morales de esa falsa "compasión"... ¡vaya "educación sentimental"!

Como escribió William Blake:

Aquel que habrá de hacer el bien a los demás, debe hacerlo en los minúsculos detalles de lo particular. El bien general es la excusa del sinvergüenza, del hipócrita y del adulador.[56]

Otra perversión de la compasión es el sentimentalismo que ve a los humanos como seres intrínseca o naturalmente buenos. Es la convicción ciega de que, con una pequeña modificación de las circunstancias exteriores, todo será perfecto. Esta noción es contraria a la enseñanza de Buda. Para evitar que se invoque aquí la enseñanza de la "naturaleza búdica", debemos entender que, a diferencia de la visión sentimentalista, la naturaleza búdica no debe identificarse con el ego o el yo. En este sentido, la naturaleza búdica no es nuestro "verdadero ser" escondido detrás de las apariencias de la civilización artificial (como imaginaban los románticos), sino la mente misma que, aunque es naturalmente luminosa y vacía, actualmente se encuentra obscurecida por los velos de la ignorancia y de las emociones perturbadoras. Por ello, aunque posea el potencial de la iluminación, en este momento es simultáneamente la base tanto de la dicha del nirvana, como del sufrimiento del nacimiento y de la muerte.

En este momento, los seres están dominados por esos velos de la ignorancia y de las emociones perturbadoras, y como resultado, infligen y padecen sufrimiento. Este es el fundamento de la compasión –no la indiferencia,

que resultaría de considerar a todos los seres intrínsecamente buenos. La compasión auténtica, entonces, reconoce la fuerza de las acciones no virtuosas; es lo suficientemente fuerte y decidida (incluso podríamos decir
"lo suficientemente sabia") para no tener que negar la
realidad del mundo. Desafortunadamente, en contraste, el sentimentalismo le quita espacio a la compasión y
dice mentiras sobre el mundo.

Para concluir, debemos ser conscientes de que la in-
suficiente comprensión de las enseñanzas de Buda sobre la compasión, puede causar que nos apresuremos a
asociar el budismo con cualquier ideología que invoque
de manera más seductiva la "compasión". Estos sistemas
suelen prometer que es posible alcanzar un estado de
perfección general sólo a partir de cambios externos; sin
embargo, como ya vimos, esta visión no es budista – entre otras cosas, porque implica la negación del karma, la
ley de causa y efecto. Al respecto, la historia del fracaso
de la política bien intencionada, pero poco sabia del Rey
Mune Tsenpo sobre la redistribución de la riqueza en el
Tíbet del siglo VIII, podría ser formativa.[57] Por lo tanto, si
tenemos el deseo compasivo de que las condiciones de la
gente mejoren, lo mejor que podemos hacer es inspirar
a que practiquen la virtud, practicándola uno mismo o,
en el caso de aquellos que están calificados para hacerlo,
dar las enseñanzas de Buda en respuesta a solicitudes específicas (porque las enseñanzas budistas sólo se dan en
respuesta a una solicitud). No es mediante la coerción,
ni la compulsión que los seres encuentran motivación
para practicar la virtud; ya que es más probable que tales acciones sean una manifestación de aferramiento a sí

mismo de la persona que obliga, y puede producir resentimiento en quien se siente obligado.

Alegría

"Que todos los seres nunca se separen del estado (sagrado) libre de sufrimiento."

Meditar en la alegría significa, entonces, regocijarse cuando otros son felices y consecuentemente están libres del sufrimiento que les habíamos deseado. Su efecto reparador específico es la disolución de cualquier tendencia a los celos que podría corromper nuestro altruismo.

Los celos y la envidia se basan en una noción de felicidad "juego de suma cero", en el que experimentamos la felicidad del otro como una disminución de nuestra propia "ración" de felicidad. Se trata de una actitud desequilibrada que busca controlar y retener para uno mismo cualquier cosa deseable, por lo que ve al otro como un potencial competidor.

Uno podría imaginar que, frente a quienes están hundidos en la "no-espiritualidad", una persona refinada y espiritual nunca podría albergar emociones tan desagradables como los celos y la competitividad. Sin embargo, esta suposición confirma precisamente nuestra necesidad de ser muy honestos con nosotros mismos al examinar nuestras emociones.

Como en las meditaciones anteriores, debes practicar esta meditación en varias fases, empezando por las personas que te son más queridas actualmente, y luego debes extenderla a quienes te son indiferentes, culminando con la meditación que abarca a todos los seres. Piensa de todo corazón que, cualquier felicidad y buena fortuna que experimenten en ese momento, puedan reproducirlas más y más –de tal forma que, por ejemplo, una persona hermosa se vuelva aún más hermosa; o que un rico posea aún más riqueza. Tu corazón se regocija de esta forma contemplando cuánto más felices son. Debes continuar con estas series de contemplaciones hasta que se haya disuelto toda tendencia a la envidia.

Patrul Rinpoche comparó el sentimiento de gozo ante la buena fortuna de los demás con la alegría que siente una mamá camello, una madre muy cariñosa, al reunirse con su hijo perdido.

Hoy en día es importante que tengamos cuidado con las formas astutas en que la envidia se disfraza de demanda de "justicia", fingiendo ser desinteresada e incluso compasiva. Independientemente de lo que nosotros deseamos para los demás, ellos tienen sus propias suertes buenas o malas, de acuerdo con sus elecciones y acciones. No debería ser necesario si quiera recordar que el objetivo de estas enseñanzas sobre causa y efecto no es que podamos sentir soberbia con respecto a nuestra felicidad y ser despectivos con los demás. Por el contrario, estas enseñanzas nos permiten ver cómo funciona el mundo y cómo se obtiene la felicidad para uno mismo y para los demás; es decir, mediante la práctica de la virtud. Por esta razón, si deseamos buena fortuna deberíamos de concentrarnos en hacer méritos, y no buscar apropiarnos de la buena fortuna de los demás, o hacerlo en nombre de alguien más.

Como explica Shamar Konchok Yenlak:

Si deseamos ser felices, debemos ver este deseo como un signo de que debemos hacer mérito.[58]

Y como dice Patrul Rinpoche:

Una chispa de mérito vale una montaña de esfuerzos.[59]

Una forma de evaluar si nuestra pasión por la justicia es genuinamente altruista es examinar la fuerza que nos impulsa a actuar. Desafortunadamente, en muchos casos tendremos que concluir que el resentimiento y el odio, y no la preocupación por los menos afortunados es lo que más nos mueve. Esa es la razón por la cual es peligroso relacionar al budismo con las ideologías de "justicia" (aunque tengan cierto atractivo por su aparente cercanía con la compasión). Lo reconozcan o no, e independientemente de que se conciban como ideologías "bien intencionadas", estas ideologías –debido al veneno que las inspira– por lo general acaban sembrando el odio e instando a la violencia en el mundo.

Las "cuatro meditaciones inconmensurables" nos presentan una paradoja maravillosa, ya que nos piden y obligan a ir más allá de nuestro egoísmo habitual; pero en la medida en que las practicamos, descubrimos que constituyen un camino alegre y sencillo, un camino en el que cada ser sintiente se convierte en el amigo que nos inspira a seguir. Es con esto en mente que Shantideva afirma:

Debemos venerar a seres sintientes y a budas por igual.[60]

Aquellos seres que se encuentran actualmente privados de felicidad nos ofrecen la oportunidad de desarrollar la capacidad de amar, y aquellos que sufren nos inspiran compasión; ambas emociones virtuosas tienen el poder de transformar radicalmente nuestra vida presente. Más importante aún, estas meditaciones actúan como catalizadores que despiertan en nuestro interior la "bodhicitta", el deseo de la iluminación, ya que la interrogante que el amor y la compasión nos incita a cuestionarnos es simple: "¿cómo puedo ayudar verdaderamente a que los seres alcancen un estado de felicidad y de liberación del sufrimiento?"

Desde luego, el hacernos esta pregunta nos confronta inmediatamente con el sobrio entendimiento de que ahora, como personas ordinarias, inmersas en nuestras percepciones y hábitos egoístas, no tenemos la capacidad de hacerlo. Si miramos a nuestro alrededor, veremos que es igual para todos los seres, para los más bajos y los más excelsos, porque todos estamos igualmente encarcelados por el aferramiento al ego. No obstante, un buda, dotado de las tres cualidades de sabiduría, compasión y poder, conoce las causas específicas del sufrimiento que padecen los demás y el camino hacia la liberación de tal opresión; abraza a todos con un afecto constante que no cambia, porque está libre de todo rastro de egoísmo; y su capacidad de trabajar a favor de los demás es ilimitada, porque no está encarcelado por el ensimismamiento.

Las cuatro meditaciones inconmensurables crean entonces un corazón y una mente espaciosa en la que surge la bodhicitta, el deseo de alcanzar el nivel de un buda para el beneficio de todos los seres. Ésta surge de la aceptación universal de los demás, es decir, de la ecuanimidad; del deseo de llevarlos a un estado de felicidad, que es la bondad amorosa; de la determinación para liberar a todos del sufrimiento, o sea la compasión; y del gozo cuando estos deseos se empiezan a hacer realidad.

El discernimiento extraordinariamente profundo presente en las enseñanzas de Buda es evidente aquí. Gracias a las instrucciones fundamentales entendemos que el egoísmo es la raíz del sufrimiento, y que, por lo tanto, no podemos aspirar a nuestra propia liberación solamente, sino que debemos abandonar esa forma de privilegiarnos a nosotros mismos para poder liberar a los demás. Hacer lo contrario podría compararse con escapar de una casa en llamas y dejar morir adentro a nuestra familia. Por lo tanto, hay que generar bodhicitta para así entrar al "Gran vehículo".

Uno podría preguntarse aquí si la renuncia de Buda, cuando se separó físicamente de su familia para practicar en soledad, no significó un abandono de sus seres queridos, lo cual parece ir en contra del espíritu del amor. En realidad, inmediatamente después de haber alcanzado la iluminación, Buda compartió el Dharma con su madre Mayadevi (un evento tan significativo que se sigue celebrando hoy como uno de los cuatro festivales más importantes de la tradición budista), y más tarde con su esposa, su hijo, su padre y su querida tía Prajapati.

Sin embargo, el punto importante aquí es que sin cierto grado de desprendimiento el amor genuino es imposible. Incluso con nuestras amistades y en nuestras relaciones familiares, el amor verdadero requiere un poco de desapego. Pensemos en cómo los padres

sensatos son capaces de dejar de lado sus propias ambiciones por sus hijos y piensan, por el contrario, en lo
que es verdaderamente bueno para ellos. Consideremos
también cuántas veces el aferramiento a uno mismo se
presenta como una especie de amor natural hacia la familia y como éste fácilmente se corrompe y transforma
en un amor tan estrecho que separa a unas familias de
otras, e incluso pone a unos hermanos contra otros. En
los métodos contemplativos de las enseñanzas de Buda,
sin embargo, el amor hacia los padres o los hijos, en lugar de bloquear el desarrollo de un amor más grande, es
la fuente que lo hace posible.

Dicho de otra manera, aunque el objetivo final es
una bondad amorosa que incluya a todos, sin restricciones ni parcialidad que divida el mundo en lo "mío" y lo
"tuyo", este proceso tiene que iniciar con las conexiones
más simples y naturales que existen entre las personas
más cercanas. De lo contrario, es muy probable que se
convierta en una vaga abstracción que "ama" a todos en
general pero a nadie en particular –es decir, la clase de
"amor" que usaron los utopistas, los revolucionarios y
todos aquellos que se han sentido obligados a reinventar
el mundo (algo que, como ya vimos, normalmente acaba
en los gulags y en los campos de exterminio).

Nuestra entrada al Gran vehículo se caracteriza por
la ceremonia del "voto del bodhisattva", en la que se re-
citan las maravillosas palabras de Shantideva:

*Igual que el espacio y los otros elementos de la naturaleza
como la tierra,*
pueda yo apoyar siempre la vida de innumerables seres,
y hasta que logren superar el sufrimiento

pueda yo ser fuente de vida para todos los reinos de seres
que pueblan el espacio hasta sus últimos confines.
Igual que todos los sughatas del pasado
generaron bodhicitta,
y llevaron a cabo las prácticas de las etapas del entrena-
miento del bodhisattva,
que pueda yo también generar bodhicitta
y realizar las prácticas.[61]

Para aquellos que asumen este compromiso, el Gran vehículo ofrece dos caminos complementarios, el vehículo ordinario o Mahayana y el camino extraordinario o Vajrayana. El primero, derivado de los discursos de Buda, hace hincapié en el camino gradual hacia la iluminación en el que se cultivan las "seis perfecciones": generosidad, disciplina moral, paciencia, esfuerzo, meditación y sabiduría.[62] Cuando éstas son practicadas a lo largo de muchas vidas, estas virtudes, cuyo corazón son la compasión y la sabiduría, permiten eliminar las emociones perturbadoras y la ignorancia que hacen imposible la iluminación.

En contraste, el vehículo extraordinario, más comúnmente conocido como el Vehículo vajra, permite alcanzar la iluminación rápidamente. Aunque este sistema, derivado de los tantras revelados por Buda y otras fuentes iluminadas, comparte el mismo impulso ético y la misma perspectiva filosófica del Gran vehículo ordinario, pone particular atención en la continuidad de la mente presente tanto en los seres sintientes como en los budas, a pesar de la aparente distinción de estados no iluminados e iluminados, respectivamente.

Según el Vehículo vajra, la naturaleza de la mente de los seres sintientes y de los budas es la unión de luminosidad y vacuidad (una reafirmación tántrica de la naturaleza de la mente que trasciende todos los extremos analizados en el Capítulo 8). Tanto el ciclo del sufrimiento como el nirvana descansan en esta naturaleza fundamental de la mente, independientemente de que sea reconocida o no. Dicho en términos simples, un buda es alguien que ha reconocido esto, mientras que un ser sintiente todavía no lo ha hecho. El Vehículo vajra ofrece los medios y métodos para llegar a este reconocimiento liberador, los cuales incluyen principalmente los rituales de iniciación y las subsiguientes meditaciones sobre las "deidades", que simbolizan la naturaleza primordial y pura de la mente.[63]

Por lo tanto, a través de los métodos del Gran vehículo ordinario o del Vehículo vajra, el viaje de la ignorancia a la iluminación alcanza su plenitud con la compasión sabia que es la realidad de ser un buda.

Capítulo 10
Comienzos

Miro por la ventana del Hotel Fairmont y pienso en el pasado. Cada escena pasó tan rápido y, sin embargo, es como si estuviera retomando el mismo hilo que cogí de joven y que me ha traído hasta aquí y seguirá guiándome hacia adelante. Mientras tanto, afuera, las olas del Océano Pacífico rompen en la orilla, y veo tres barcos en el horizonte. Pienso en la llegada de la enseñanza de Buda a Occidente –este lugar en el que la sabiduría parece vivir en el exilio.

Mientras que en Occidente la era de la atracción hacia el budismo como un fascinante exotismo se acerca a su fin, en Asia éste enfrenta a la vez grandes retos provenientes de los acontecimientos económicos y políticos. Quizás lo más preocupante de todo es el endurecimiento hacia la religión por parte de la cultura moderna. A pesar de ello, no creo que sea necesario perder la calma e intentar inventar un nuevo budismo. Quizás lleve más tiempo que se establezca adecuadamente; pero, por fortuna, seguiremos contando con maestros como Su Santidad el Karmapa y Su Santidad Ratna Vajra Rinpoche, el 42º Sakya Trizin, de los que las nuevas generaciones tienen mucho que aprender. Por eso, estoy seguro de que la enseñanza de Buda perdurará si la practicamos con inteligencia y fidelidad.

En todo caso, en Occidente estos son sólo los primeros días del Dharma. Para nosotros, Buda sigue enseñando y Padmasambhava[64] acaba de recibir la invitación para domar a los soberbios. Ahora es tiempo de empezar a hacer nuestro trabajo con seriedad.

Mi mente regresa a aquella calurosa tarde de verano en Londres de hace años. Por fin, el discurso inicial de Christmas Humphrey termina y le da la bienvenida al invitado de honor. Su Santidad Sakya Trichen, el 41º Sakya Trizin, comienza a hablar.

Glosario

Bodhicitta ("La mente de la iluminación")
Es el deseo altruista de alcanzar la condición de buda
para el bien de todos los seres, además de su aplicación
en la práctica espiritual para que se pueda alcanzar. Un
segundo aspecto de la bodhicitta es la realización de la
sabiduría trascendental que reconoce la verdadera naturaleza de los fenómenos y a la que nos referimos como
"bodhicitta última".

Bodhisattva
Un bodhisattva es alguien que ha generado bodhicitta y,
por lo tanto, se ha comprometido a alcanzar el estado de
un buda para el bien de todos los seres.

Dharma
En este libro nos referimos al "Dharma" como el conjunto de las enseñanzas de Buda, es decir, la segunda de las

"Tres Joyas", junto a Buda y a la comunidad (Sangha) de aquellos que siguen a Buda y sus enseñanzas.

Gran vehículo ("Mahayana")

El Gran vehículo es el camino seguido por los bodhisattvas para alcanzar el estado de un buda. Se le refiere como el "gran" vehículo frente al "vehículo menor", cuyo fin es únicamente la liberación individual; mientras que el Gran vehículo o Mahayana aspira a la liberación del sufrimiento de todos los seres.

Karma

Literalmente "acción", es la ley de causa y efecto; ésta describe cómo las acciones virtuosas, no virtuosas y neutras producen resultados en el futuro en el flujo de ser de quien lleva a cabo la acción.

Naturaleza búdica

La naturaleza búdica es el potencial innato de alcanzar la iluminación que existe en todos los seres, pero que actualmente se encuentra obscurecida por los velos de la ignorancia y de las emociones perturbadoras.

Nirvana

Nirvana, que literalmente significa "extinción", se refiere al cese del sufrimiento logrado mediante la práctica del camino budista. En el "Vehículo menor", esto significa la eliminación de las emociones perturbadoras; mientras que en el "Gran vehículo", el nirvana supremo se caracteriza por alcanzar el estado de un buda. Un buda entonces, además de eliminar los velos de las emociones perturbadoras, elimina también los velos sutiles de la ignorancia, y está dotado de la sabiduría y de la compasión omniscientes, a través de las cuales puede trabajar para el beneficio de todos los seres.

Samsara

El samsara es el estado no-nirvánico del continuo deambular en los seis reinos de existencia (es decir, el mundo de los dioses, de los semidioses, de los humanos, de los animales, de los espíritus hambrientos y de los demonios); estados caracterizados por el sufrimiento y generados por la triada de ignorancia, emociones y acciones perturbadoras.

Sugata

Sugata, literalmente "aquél que ha alcanzado la dicha", es uno de los epítetos de un buda.

Sutra

El término sutra ("discurso") normalmente se refiere a una de las tres colecciones que contienen los textos sagrados que constituyen la enseñanza general de Buda, junto con el "vinaya" (la disciplina monástica) y el "abhidharma" ("la filosofía"). Cuando se usa en contraste con el "tantra", se refiere a las tres colecciones.

Tantra

Tantra se refiere al conjunto de las escrituras esotéricas de los budas que constituyen los tantras que le dieron vida al "Vehículo vajra", un camino especial que permite alcanzar el estado de un buda. Los tantras y el Vehículo vajra pueden ser mejor caracterizados como la versión extraordinaria del "Gran vehículo", porque ambos poseen el mismo objetivo espiritual.

Lista de los grandes maestros

Dharmakirti
Maestro indio del siglo VI e.c., que escribió importantes obras sobre lógica y epistemología, entre ellas el *Comentario a la cognición válida*. Sakya Pandita (véase abajo) fue unos de los principales diseminadores del pensamiento de Dharmakirti en el Tíbet.

Jamgon Ju Mipham (1846-1912)
Uno de los más grandes filósofos de la escuela Nyingma del budismo tibetano, quien desempeñó un papel muy importante en el resurgimiento de la herencia intelectual de su tradición. También se le conoce como Mipham Rinpoche.

Jetsun Drakpa Gyaltsen (1147-1216)
Tercero de los cinco maestros fundadores de la escuela Sakya del budismo tibetano e hijo de Sachen Kunga Nyingpo (véase abajo), fue un reconocido practicante

extraordinario de los tantras y compuso varias obras sobre ese sistema.

Karmapa Rangjung Dorje (1284-1339)

Es el tercero de los diecisiete (hasta hoy) jerarcas del Sombrero Negro fundadores de la tradición Karma Kagyu. Karmapa Rangjung Dorje escribió varias obras que han influido en la orientación filosófica y tántrica de la escuela hasta nuestros días.

Langri Thangpa (1054-1123)

Fue un eminente maestro de la antigua escuela Kadam y autor de *Los ocho versos para el entrenamiento de la mente*, una exposición del epónimo sistema de práctica espiritual que se ha vuelto popular en todas las escuelas del budismo tibetano.

Nagarjuna

Maestro indio del "Gran vehículo" en los siglos I y II e.c. Fue uno de los filósofos más importantes en la historia del budismo y desempeñó un papel central en el establecimiento y la diseminación del sistema de postulados filosóficos conocido como el Camino Medio ("Madhyamaka").

Patrul Rinpoche (1808-1887)

Estimado maestro de la escuela Nyingma, que rechazó el oficio monástico y pasó gran parte de su vida como yogui errante. Escribió varias obras sobre la "Gran perfección", el sistema contemplativo central de su tradición.

Sachen Kunga Nyingpo (1092-1158)

Es el primero de los maestros fundadores de la escuela

Sakya. Heredó de sus maestros una extraordinaria cultura espiritual y transmitió enseñanzas fundamentales como "El camino y su fruto" y "Abandonando los cuatro apegos" a sus hijos Sonam Tsemo y Jetsun Drakpa Gyaltsen (véase arriba).

Sakya Pandita (1182-1251)
Es el cuarto de los maestros fundadores de la escuela Sakya. Debido a sus amplios conocimientos en materia religiosa y secular se le considera una de las figuras más destacadas del budismo y de la cultura tibetana.

Saraha
Uno de los maestros tántricos indios de la época medieval más influyentes, cuyas enseñanzas se han preservado en los varios ciclos de cantos poéticos llamados "doha". Es un importante predecesor espiritual de las escuelas Kagyu en el Tíbet, cabe mencionar que al famoso yogui y poeta Milarepa (1040-1123), una de las más grandes figuras de la tradición Kagyu del budismo tibetano, también se le llama "el Saraha tibetano".

Shamar Konchog Yenlag (1526-1583)
Es el quinto jerarca del Sombrero Rojo de la tradición Karma Kagyu, y el autor de numerosas obras famosas sobre varios temas de sutras y tantras.

Shantideva
Maestro indio del siglo VIII, cuya obra titulada Entrando al camino del bodhisattva se ha convertido en uno de los textos más influyentes sobre la ética del "Gran vehículo".

Thokme Zangpo (1295-1369)
Maestro de las tradiciones Sakya y Kadam, es el autor

de famosas exposiciones del sistema de "Adiestramiento mental" y del camino de los bodhisattvas.

Vasubandhu

Maestro cachemiro del siglo IV e.c. quien, junto a su medio hermano Asanga, elaboró las teorías de la escuela filosófica "Sólo mente" ("Chittamatra").

Notas

1   El clan de los Shakya prosperó a lo largo de la etapa de la historia de la India llamado periodo védico
tardío (1750-400 a.e.c.). Su capital era Kapilavastu,
situada probablemente en el actual Nepal, aunque
algunos afirman que se encontraba en el estado moderno de la India. De manera inusual para la época,
el sistema del gobierno de los Shakya era un tipo de
república oligárquica. De hecho, Shuddhodhana, el
padre de Buda, era un rajá electo; es por eso que no
es del todo incorrecto llamarle "príncipe" a Buda.

2   Para una exposición general sobre la Reforma, véase
Owen Chadwick, The Reformation (Penguin: Lon-
dres, 1972). Para una recopilación de las obras de
Lutero, véase: E.G. Rupp y B. Drewery (eds.), Martin
Luther (Edward Arnold: Londres, 1970).

3   Sobre la influencia del protestantismo en la expan-

sión del capitalismo véase: Max Weber, La ética protestante y el espíritu del capitalismo, trad. J. Abellán García (Alianza Editorial: Madrid, 2012).

4   Para la historia sobre los revolucionarios anabaptistas de la época véase: Norman Cohn, En pos del milenio. Revolucionarios milenaristas y anarquistas místicos de la Edad Media, trad. J. Monteverde (Pepitas de Calabaza: Logroño, 2015).

5   Sobre el papel de los nuevos intelectuales véase: Gerald R. Cragg, The Church and the Age of Reason 1648-1789 (Penguin: Londres, 1977) y Robert Mandrou, From Humanism to Science: 1480-1700 (Penguin: Londres, 1978).

6   Para una breve pero clara introducción a Descartes, véase: Roger Scruton, Breve historia de la filosofía moderna: de Descartes a Wittgenstein, trad. V. Raga Rosaleny (Editorial RBA: Barcelona, 2013).

7   Tomás de Aquino (1225-1279) fue un fraile italiano de la orden dominicana y el filósofo más influyente de la historia del catolicismo. Su sistema de pensamiento, conocido como "tomismo", era una síntesis del pensamiento cristiano y la obra del filósofo griego Aristóteles. Sus tratados filosóficos representaron el abandono/el alejamiento del platonismo de los pensadores cristianos anteriores como San Agustín.

8   Mary Shelley, Frankenstein o el moderno Prometeo, trad. F. Torres Oliver (Alianza Editorial: Madrid, 2013).

9   El filósofo americano Thomas Nagel describió la naturaleza del cientificismo en su La mente y el cos-

mos. Por qué la concepción neo-darwinista material-
lista de la naturaleza es, casi con certeza, falsa, trad.
F. Rodríguez Valls (Biblioteca Nueva: Madrid, 2014).

10 Sobre la escuela de Lokayata, véase: S.N. Dasgupta, A
History of Indian Philosophy (Cambridge University
Press: Cambridge, 1955).

11 Sobre hesicasmo, véase: J. Meyendorff, St, Gregory
Palamas and Orthodox Spirituality (St. Vladimir's
Seminary Press: Crestwood, NY, 1980).

12 Sobre el maestro Eckhart, el más conocido entre
los místicos católicos renanos de la época medieval,
véase: Maestro Eckhart, Obras escogidas (Edicomu-
nicación: Barcelona, 1998).

13 Sobre la Cábala, véase: Gershom Scholem, Las grandes tendencias de la mística judía, trad. B. Oberlan-
der (Siruela: Madrid, 2012).

14 Véase B. Victoria, Zen at War, 2ª edición (Rowman &
Littlefield: Lanham, MD, 2006).

15 Sobre la historia de la religión y de la política en
el Tíbet, véanse: Sam Van Schaik, Tibet: A History
(Yale University Press: New Haven, 2011) y Tsepon
W.D. Shakabpa, Tibet: A Political History, (Yale University Press: New Haven, 1967).

16 Jean-Jacques Rousseau, The Social Contract (Penguin: Londres, 1968), p. 49.

17 V.I. Lenin, Obras escogidas, vol. III, trad. Instituto de
Marxismo-Leninismo y Comité Central del Partido
Comunista de la Unión Soviética (Editorial Progre-
so: Moscú, 1961), p. 284.

18 Francis Fukuyama, El fin de la historia y el último

hombre, trad. P. Elias, (Planeta: Barcelona, 1992).

19 "Blind Willie McTell" en Bob Dylan, The Lyrics (Simon & Schuster: Nueva York, 2014), p. 670.

20 "Desolation Row" en ibidem, p. 221.

21 Ezra Pound, 'Hugh Selwyn Mauberley' en The Selected Poems (Faber & Faber: Londres, 1977), p. 100.

22 "The Ballad of Frankie Lee and Judas Priest" en Bob Dylan, op. cit., p. 282.

23 T.W.D. Shakabpa, op. cit., p. 63.

24 Ibidem, p. 95.

25 Patrul Rinpoche dice que las seis manchas son: orgullo, ausencia de fe, pereza, distracción, retraimiento y desánimo. Véase: rDza dPal sprul, sNying thig shgon 'gro'i khrid yig kun bzang bla ma'i zhal lung (People's Publishing House: Lhasa, 1988), pp. 14-18.

26 Para la prohibición del aborto en las escrituras que tratan sobre la disciplina ética, véase: dGe slong so sor thar pa'i mdo, en bKa' 'gyur, vol.ca. Ladakhi Palace Edition, 9-10. Para la prohibición en la literatura tántrica, véase: Grags pa rGyal mtshan, rTsa ba'i ltung ba bcu bzhi pa'i 'grel ba gsal byed 'khrul spong en Sa skya'i bka' 'bum, vol.7 (Ngawang Topgay: Nueva Delhi, 1992), p. 278.

27 Citado en sGam po pa, Dam chos yid bzhin nor bu thar pa rin po che'i rgyan (Karma Chogar: Rumtek, 1972), p. 27A.

28 Sa skya Pandita, sDom gsum rab tu bye ba'i bstan bcos en Sa skya'i bka' 'bum, vol. 12 (Ngawang Topgay: Nueva Delhi, 1992), p. 79.

29 rDza dPal sprul, op. cit., p. 19.

30 Devadatta era el primo de Buda quien, por sus celos, provocó muchas tensiones al interior de la naciente comunidad budista, para luego arrepentirse.

31 Sa skya Pandita, op. cit., p.84.

32 Una recopilación incompleta de textos sobre este ciclo de enseñanzas se encuentra en 'jam mgon Kong sprul ed., gDams ngag mdzod, vol.6 (Lama Ngodrup and Sherab Drimay: Paro, 1979-1981).

33 Citado en Sa skya Pandita, sDom gsum rab tu bye ba'i bstan bcos en Sa skya'i bka' 'bum, vol. 12 (Ngawang Topgay: Nueva Delhi, 1992), p. 17.

34 rJe btsun Grags pa rGyal mtshan, gDams ngag mdzod, vol.6, p. 311.

35 Ibidem, p. 312.

36 Citado en ibidem.

37 Sa skya Pandita, Legs bshad rin po che'i en Sa skya'i bka' 'bum, vol.10 (Ngawang Topgay: Nueva Delhi, 1992), p. 215.

38 'jam mgon Mi pham, Nges shes rin po che'i sgron ma (Tashijong: Palampur, n.d.), p. 12A.

39 Para una breve explicación sobre el papel del lama, véase: Lama Jampa Thaye, Diamond Sky: A Brief Introduction to the Buddhist Path (Ganesha Press: Bristol, 2016), p. 9.

40 Nagarjuna, Shes pa'i spring yig en Karma Thinley Rinpoche, The Telescope of Wisdom (Ganesha Press: Bristol, 2009), p. 69.

41 Ibidem, p. 14.

42 Karma pa Rang byung rDo rje, Phyag chen smon lam, en Situpa y Karmapa, Mahamudra Teachings of the Supreme Siddhas (Snow Lion: Ithaca, Nueva York, 1995), p. 31.

43 'jam mgon Mi pham, op. cit., p.12A.

44 Shantideva, Byang chub sems dpa'i spyod pa la 'jug pa (Karma Chogar: Rumtek, n.d.), p. 45A.

45 Citado en Ngor chen dKon mchog Lhun grub, sNang gsum mdzes par byed pa'i rgyan en The Great Collection of the Lam Dre Tsogshe Teachings, vol. 30 (Sachen International: Nueva Delhi, 2008), p. 340.

46 Saraha, Do ha mdzod en 'jam mgon Kong sprul, op. cit., vol.7, p.9.

47 Shantarakshita, dBu ma'i rgyan, en Ju Mipham, Speech of Delight (Snow Lion: Ithaca, Nueva York, 2004).

48 Nagarjuna, op. cit., p. 77.

49 Lang ri Thang pa Ye shes rDo rje, Blo sbyong tshig rgyad ma en 'jam mgon Kong sprul, op. cit., vol. 4, p. 165.

50 Nagarjuna, op. cit., p. 79.

51 Thogs med bZang po, rGyal sras lag len so bdun ma (Shes bya gSar khang: Dharamsala, n.d.), p. 6.

52 William Shakespeare, Soneto 116: "Let me not to the marriage of true minds".

53 Citado en Ngor chen dKon mchog Lhun grub, op. cit., p. 302.

54 Sa skya Pandita, rDo rje theg pa's rtsa ba ltung ba, en Sa skya'i bka' 'bum, vol. 12, p.332.

55 Citado en dKon mchog Lhun grub, op. cit., p. 340.

56 William Blake, The Works of William Blake (Wordsworth Editions: Ware, 1995), p. 303.

57 Una breve referencia a Mune Tsenpo se encuentra en Dhongthog Rinpoche, The Sakya School of Tibetan Buddhism (Wisdom: Boston, 2016), p. 42.

58 Shamar Konchok Yenlak, A Concise Lojong Manual, (Bird of Paradise Press: Lexington, VA, 2014), p. 22.

59 rDza dPa sprul, op. cit., p. 477.

60 Shantideva, op. cit., p. 36A.

61 Ibidem, p. 13A.

62 Véase: Lama Jampa Thaye, Rain of Clarity, (Ganesha Press: Bristol, 2012), p. 41.

63 Véase: ibidem, p.83 y Lama Jampa Thaye, Diamond Sky, op. cit., p.47.

64 Padmasambhava, también conocido como "Preciado Gurú", fue un yogui de Oddiyana (hoy el valle de Swat en Pakistán septentrional) del siglo VIII. Gracias a su dominio de los tantras, junto al filósofo Shantarakshita desempeñó un papel importante en la transmisión del budismo en el Tíbet.